「碳中和行动指南」系列

交通碳中和行动

科技赋能绿色交通低碳转型

肖宝兰　张　宇
傅佳宏　伍　茜　著

化学工业出版社

·北京·

内容简介

本书立足于我国"双碳"目标的政策背景、概念内涵与实现路径，借鉴全球主要国家推进碳中和工作的举措与经验，全面阐述"双碳"目标下我国交通运输行业的发展理念与战略规划，以绿色低碳技术的创新应用为切入点，结合新兴数字技术在智慧交通领域的实践场景与融合路径，涵盖5G智能交通、自动驾驶、新能源汽车、大数据交通、物联网交通等多个维度，并深度剖析智慧物流、智慧民航、智慧城轨、智慧港口等重点细分领域的数智化转型实践，试图描绘出我国交通运输行业"碳达峰与碳中和"愿景的行动路径。

图书在版编目（CIP）数据

交通碳中和行动：科技赋能绿色交通低碳转型/肖宝兰等著. —北京：化学工业出版社，2023.2
（碳中和行动指南）
ISBN 978-7-122-42726-7

Ⅰ.①交⋯ Ⅱ.①肖⋯ Ⅲ.①交通运输业–节能–研究–中国 Ⅳ.①F512.3

中国国家版本馆CIP数据核字（2023）第006534号

责任编辑：夏明慧　　　　　　　　装帧设计：卓义云天
责任校对：宋　夏

出版发行：化学工业出版社(北京市东城区青年湖南街13号 邮政编码100011)
印　　装：大厂聚鑫印刷有限责任公司
710mm×1000mm　1/16　印张14　字数186千字　2023年4月北京第1版第1次印刷

购书咨询：010-64518888　　　　　　　售后服务：010-64518899
网　　址：http://www.cip.com.cn

凡购买本书，如有缺损质量问题，本社销售中心负责调换。

定　价：69.00元　　　　　　　　　　　　　　　　　版权所有　违者必究

前　言

自我国在第 75 届联合国大会上提出"二氧化碳排放力争于 2030 年前达到峰值，努力争取 2060 年前实现碳中和"以来，"双碳"就成为各个领域的热议话题，交通运输行业也不例外。近几年，国家发布的《国家综合立体交通网规划纲要》《交通强国建设纲要》《农村公路中长期发展纲要》等文件无一不涉及碳减排。

《交通强国建设纲要》提出"强化节能减排""打造绿色高效的现代物流系统"等目标及方向；《国家综合立体交通网规划纲要》提出"促进交通能源动力系统低碳化""优化调整运输结构"等方向，要求交通运输行业尽快实现绿色低碳发展，尽早实现碳达峰，降低污染物及温室气体排放强度；《农村公路中长期发展纲要》提出要大力推广节能低碳、经济环保的运输设备，实现农村公路与自然生态的和谐共生等。

总而言之，作为碳排放"大户"，交通运输行业的碳减排已经成为当下的热门话题，不仅影响着国家气候战略的开展，而且事关交通强国建设大局。但我国交通运输行业的碳减排并非易事，在实践过程中面临着很多挑战。

首先，随着经济高速发展，我国汽车保有量迅速增长，导致交通行业的碳排放也快速增长。2005 年，我国交通行业的碳排放总量为 3.4 亿吨，到 2019 年增至 11.5 亿吨，2020 年受新冠疫情影响回落至 10.2 亿吨。在我国 2019 年全社会二氧化碳的排放结构中，交通运输行业的碳排放占到了 11%。除占比大之外，交通行业的碳排放还呈现出增长快、达峰慢的特点，给碳达峰、碳中和目标的实现带来了巨大的挑战。

其次，不同运输方式的碳排放总量存在较大差异，在交通运输行业的碳排放总量中，公路运输（含社会车辆、营运车辆）的碳排放占比达到了 86.76%，水路运输的碳排放占比为 6.47%，民航运输的碳排放占比为 6.09%，铁路运输的碳排放占比为 0.68%。再加上我国千人汽车保有量比较低，未来几年乘用车保有量仍将继续增长，导致公路运输的碳排放将持续增长，同时交通拥堵也会带来更多碳排放，进一步加大了碳减排压力。

再次，航空运输的碳减排也面临着较大的困难，一方面因为非化石燃料替代面临技术瓶颈，而且成本极高，另一方面因为缺乏商业化量产的电动化技术，航空运输领域的碳减排尚未形成清晰可行的实现路径。

最后，交通运输行业的碳减排不仅涉及交通领域本身，还涉及交通行业的整个产业链条，需要优化交通运输结构，降低载运工具和交通装备的能耗，优化交通运输组织管理，做好交通基础设施低碳建设，优化能源结构，增加绿色能源的占比等。这些事项往往涉及多个行业的多个部门以及大量企业，需要做好顶层设计，并统筹协调。

为了应对上述挑战，一方面，我国要大力发展"公转铁""公转水"、多式联运等模式，充分发挥铁路运输、水路运输的成本优势与环保优势，以铁路运输、水路运输替代公路运输，减少整个交通运输行业的碳排放，同时要完善"地铁＋常规公交＋慢行"一体化公共交通体系，扩大轨道交通的覆盖范围，完善公共交通线路规划，构建 15 分钟生态圈，减少私家车出行的比例，实现日常出行的绿色化、低碳化。

另一方面，我国要提高汽车的能效标准，强制淘汰高能耗、高排放的汽车，降低汽车的能耗强度，减少污染物排放。在水运方面，我国要大力推广以液化天然气为动力的船舶，尽快实现内河水运电气化；在航空运输方面，我国要推广连续上升和连续下降的飞行过程优化、裁弯取直的航线优化等方式，提高航空运输的效率，实现节能减排。

最重要的是，我国要以5G、车联网、人工智能、大数据、云计算等新一代信息技术为依托，大力发展新能源汽车，突破制约新能源汽车发展的技术瓶颈，推动氢燃料、氢能等技术取得重大突破，促使氢能产业实现规模化发展，完成对重卡、水运、航空等交通运输领域的能源替代，同时解决纯电动汽车充电慢、电池寿命短的问题，提高纯电动汽车的性能，完善充电桩、换电站等基础设施建设，辅之以购置补贴、税收优惠、双积分制等政策，提高新能源汽车在汽车市场的渗透率。

同时，我国要以新一代信息技术为依托发展智能交通管理系统，实现对道路通行状况的实时监测、问题诊断、趋势判断、预警报警等功能，缓解交通拥堵，提高道路的通行能力，通过这种方式减少碳减排，同时鼓励物流行业搭建智能车货匹配平台，提高车货匹配效率，减少公路货运的空驶率，以实现节能减排。

总而言之，5G、人工智能、大数据、云计算等新一代信息技术的发展为交通碳中和的实现提供了有效的支撑。《交通碳中和行动：科技赋能绿色交通低碳转型》一书立足于全球交通运输行业的零碳革命，对"双碳"背景下交通运输行业的低碳转型路径进行立体化解析，对5G、人工智能、边缘计算、云计算、大数据、车联网、车路协同等新一代信息技术在公路运输、航空运输、港口码头、轨道交通等领域的应用进行深入探究，并结合实践案例对绿色轨道交通、车联网、自动驾驶、新能源汽车、智能交通系统、物流资源共享平台、智慧物流、智慧民航、智慧港口、智慧城轨交通等实现碳中和的路径与方式进行细致讨论。

本书以丰富的案例、通俗易懂的语言展现了交通运输行业实现碳中和的种种路径，不仅适合交通部门的管理者、交通运输企业的管理者、新能源汽车行业的从业者、有意在新能源汽车领域布局的科技企业的管理者阅读，还适合高校相关专业的师生、智慧交通行业的研究者、对交通碳中和感兴趣的大众读者翻阅。

著者

目 录

第一部分 交通碳中和 / 1

第1章 全球行动：构建零碳交通新格局 / 2

一场席卷全球的绿色低碳革命 / 2

新能源战略：驱动交通电气化转型 / 5

打造"绿色出行"的生活新模式 / 8

完善法规标准，注重科技创新 / 11

全球背景下我国零碳交通的实践启示 / 12

第2章 绿色交通：驱动交通低碳化转型 / 15

实现"双碳"目标的必然选择 / 15

如何构建绿色交通体系 / 17

我国交通运输的低碳化转型路径 / 19

深化交通运输供给侧结构性改革 / 22

第3章 基于低碳技术的城市轨道交通建设 / 25

城轨交通绿色低碳发展面临的挑战 / 25

城轨交通的绿色低碳技术体系 / 28

城轨交通绿色低碳技术的分类与应用 / 31

绿色低碳城市轨道交通的实现路径 / 35

第二部分 智能交通 / 39

第 4 章 智能交通：城市交通的智慧大脑 / 40

智能交通：让城市生活更美好 / 40

我国智能交通产业的演变与发展 / 43

智能交通系统的主要构成 / 45

智能交通系统的关键技术体系 / 48

第 5 章 5G 赋能：重塑智能交通管理模式 / 52

智能出行：5G 让出行更安全高效 / 52

智能运输：新一代物流科技的应用 / 54

智能运维：城市道路维护管理新路径 / 56

5G 边缘计算驱动智能交通变革 / 57

第 6 章 典型案例：全球智能交通系统建设 / 61

美国：洛杉矶 ATSAC 系统的应用 / 61

瑞典：斯德哥尔摩智慧公路交通 / 62

韩国：智能公交系统的建设实践 / 63

日本：VICS 与 ETC 系统的应用 / 66

第三部分　智能网联　/ 69

第 7 章　智能网联：5G 车联网的实践路径　/ 70

车联网行业面临的运营挑战　/ 70

5G 在车联网领域的应用优势　/ 72

基于 5G 的车载信息娱乐服务　/ 75

5G 车联网安全框架与关键技术　/ 77

第 8 章　自动驾驶：5G 车路协同应用场景　/ 80

5G 自动驾驶的典型应用场景　/ 80

5G 时代的车与路，将更加协同　/ 82

5G 车路协同技术的落地实践　/ 85

机器学习在自动驾驶领域的应用　/ 87

第 9 章　新能源汽车：助力绿色交通碳中和　/ 90

新能源汽车的类型划分　/ 90

新能源汽车的关键技术　/ 92

燃料电池汽车工作原理与优缺点　/ 94

混合动力汽车工作原理与优缺点　/ 95

纯电动汽车工作原理与优缺点　/ 97

第 10 章　全球电动汽车产业的政策与实践　/ 100

德国电动汽车产业的实践路径　/ 100

英国电动汽车产业的实践路径　/ 101

日本电动汽车产业的实践路径　/ 103

我国电动汽车产业的实践路径　/ 104

第四部分　大数据交通　/　**109**

第 11 章　数据智能：赋能城市交通精准治理　/　110

交通大数据：赋能智慧城市建设　/　110

交通大数据的类型与研究方向　/　113

交通大数据的核心技术体系　/　116

基于大数据的智能交通应用系统　/　119

第 12 章　应用场景：大数据交通的实践路径　/　122

场景 1：智慧交通提供决策支持　/　122

场景 2：公交智能调度管理系统　/　124

场景 3：个性化交通服务平台　/　125

场景 4：交通行为分析与预测　/　128

第 13 章　基于大数据的物流资源共享平台　/　131

大数据重塑城市物流模式　/　131

物流资源共享平台的建设主体　/　133

构建大数据物流共享平台　/　136

大数据驱动下的物流企业管理变革　/　139

第五部分　物联网交通　/　**143**

第 14 章　万物智能：物联网智能交通系统　/　144

基于物联网的智能交通系统　/　144

智能交通中的物联网技术　/　147

物联网交通系统的主要功能　/　150

基于图像识别的智能交通应用 / 152

第 15 章　实践路径：基于物联网的智能交通 / 154

基于 IoT 的智能交通监控系统 / 154

基于 GPS 技术的智能运输系统 / 156

物联网在智能交通管理中的应用 / 159

物联网在智慧停车领域的应用 / 162

第六部分　数智化转型 / 165

第 16 章　智慧物流：基于 IoT 的云物流平台 / 166

大数据驱动的云物流运作机理 / 166

基于 IoT 的云物流平台架构 / 168

智慧云物流平台的功能设计 / 170

智慧云物流面临的挑战与对策 / 172

第 17 章　智慧民航：让民航机场更"聪明" / 175

5G 赋能智慧民航建设 / 175

智慧民航的数字化服务体验 / 176

基于 AI 技术的智慧机场运营 / 178

AI 技术在智慧机场中的应用场景 / 181

第 18 章　智慧城轨：5G 驱动轨道交通变革 / 185

5G 开启轨道交通数智化变革 / 185

5G 智慧城轨的架构与关键技术 / 187

"5G+ 智慧城轨"的解决方案 / 191

5G 在城市轨道交通中的应用场景 / 195

第 19 章　智慧港口：引领港口数字化转型　/　199

　智慧港口的概念特征与演变　/　199

　智慧港口领域的硬核科技应用　/　201

　智慧港口建设的实践路径　/　203

　PLC 驱动的港口电气自动化　/　206

　PLC 在港口电气自动化中的应用　/　208

第一部分 | 交通碳中和

第1章
全球行动：构建零碳交通新格局

一场席卷全球的绿色低碳革命

第二次工业革命之后，全球开始大规模开发和使用煤炭、石油等化石能源，尽管实现了全球经济的跨越式增长，但也带来了严重的气候问题。这些化石能源在燃烧过程中会产生大量的二氧化碳等温室气体，并且排放量逐年增加。这些温室气体带来了严重的温室效应，导致全球气候变化无常，极端天气频繁出现，干旱、洪涝等灾害时常发生，对可持续发展极为不利。

为了应对全球变暖问题，各国纷纷制定了碳达峰、碳中和目标，并出台了一系列政策条例，以减少温室气体排放，扭转局面，实现地球系统和生命系统的和谐共存。

1."碳达峰""碳中和"的概念内涵与发展背景

根据联合国政府间气候变化专门委员会（Intergovernmental Panel on Climate Change，IPCC）的权威定义：碳中和指的是在一个时间段内，将各种活动产生的二氧化碳等温室气体，通过植树造林、节能减排等手段全部吸收掉，在这个时间段内实现温室气体的相对零排放，这也是碳中和的本质；碳达峰指的是二氧化碳排放总量在某一个时期达到历史最高值，之后逐步降低。明确实现碳达峰的时间其实是明确二氧化碳排放量到达峰值的时间,形成一个由增转降的拐点。碳达峰是实现碳中和的前提条件,实现时间与峰值高低会直接决定碳中和目标实现的难易程度。实现碳达峰的路径有很多,大致包括控制化石能源的消耗、推广应用清洁能源、限制煤炭发电与终端能源消费等。

1992年,153个国家和欧共体在联合国大会上签署了《联合国气候变化框架公约》(以下简称《公约》),首次以国际公约的形式明确了世界各国共同应对温室效应的基本框架和思路,允许不同国家和地区根据自身实际情况做适当调整。不过,《公约》并没有规定重点控制哪些温室气体,也没有规定各国的减排比例。

1997年,《公约》缔约方在日本东京举行了第三次大会,并签署了《京都议定书》,首次明确规定了减排气体的种类和发达国家的减排比例与时间安排。其中,温室气体主要包括二氧化碳(CO_2)、甲烷(CH_4)、氧化亚氮(N_2O)、六氟化硫(SF_6)、氢氟碳化合物($HFCs$)、全氟碳化物($PFCs$)六种。

2016年,175个国家在纽约联合国总部签订了《巴黎协定》,首次明确规定了全球碳中和的时间规划,计划在2065～2070年实现全球碳中和,同时还提出截至21世纪末,全球平均气温高出工业化前平均气温的幅度不能超过1.5℃或2℃,为后来全球气候治理提供了指引。《巴黎协定》是继《公约》和《京都议定书》之后,人类治理全球气候问题的又一里程碑式文件。

目前,越来越多的国家和地区开始加入应对全球气候问题的队伍,通过出台政策文件、法律法规等来规范工业活动,减少温室气体排放,以最终实现碳达峰与碳中和的目标。不同的国家由于城镇化与机动化的起步时间和发展水平差异较大,所以实现碳达峰和碳中和的年份也存在差异,如表1-1所示。

表 1-1 主要国家碳达峰与碳中和目标时间表

国家		碳达峰实现年份	碳中和目标年份	提出碳中和目标的场合或文件
欧洲	法国	1991	2050	2020年颁发法令通过"国家低碳战略"
	英国	1991	2050	2019年6月新修订的《气候变化法》
	丹麦	1996	2050	2018年立法规定
	瑞典	1993	2045	2017年立法规定
	奥地利	2003	2040	2020年1月奥地利联合政府宣誓就职时承诺
	西班牙	2007	2050	2020年5月西班牙政府向议会提交的《气候框架法案草案》
美洲	美国	2007	2050	2020年12月总统宣誓
	加拿大	2007	2050	2019年10月总理承诺
亚洲	日本	2013	2050	2020年12月日本经济产业省发布的《面向2050碳中和的绿色成长战略》
	韩国	2020	2050	2020年4月韩国执政的民主党在选举中宣称
	中国	2030	2060	2020年9月国家主席习近平在第75届联合国大会上宣示

2. 国家战略：我国"双碳"目标的政策路径

自我国在第 75 届联合国大会上提出"二氧化碳排放力争于 2030 年前达到峰值，努力争取 2060 年前实现碳中和"目标以来，我国围绕碳达峰、碳中和目标出台了很多政策。

2020 年 10 月 26 日召开的党的十九届五中全会将碳达峰、碳中和纳入"十四五"规划，写入 2035 年远景目标。

2021 年 3 月召开的中央财经委员会第九次会议将"双碳"目标纳入生态文明建设整体布局，同年 9 月国务院印发《关于完整准确全面贯彻新发展理念做好碳达峰碳中和工作的意见》（以下简称《意见》），对"双碳"工作的开展做出了全局规划与指导。在交通领域，《意见》围绕低碳交通运输体系建设提出了三大策略：第一，建设综合立体交通网、发展多式联运、发展绿色物流，通过这些方式优化交通运输结构；第二，大力推广新能源汽车、新能源船舶等节能低碳型交通工具，发展智能交通；第三，建设大容量公共交通基础设施和城市慢行系统，培养居民低碳出行的习惯。

2021年10月，国务院发布《2030年前碳达峰行动方案》，规划了十项有助于实现碳达峰的行动，简称为"碳达峰十大行动"，其中之一就是"交通运输绿色低碳行动"。"交通运输绿色低碳行动"又规划了三项重点任务：一是推动运输工具装备低碳转型；二是构建绿色高效交通运输体系；三是加快绿色交通基础设施建设。

作为碳排放大户，交通领域的碳减排是实现"双碳"目标的关键一环。除交通领域外，我国也面向其他行业与领域制定了碳减排方案，相关部门也为之发布了支持政策，各地也制定了本地区的碳减排方案，我国围绕"双碳"目标的"1+N"政策体系逐渐成形。

新能源战略：驱动交通电气化转型

自2020年9月我国提出"双碳"目标以来，各行业各领域纷纷调整发展战略，这势必会给人类社会的生产生活方式带来深刻变革，推动人类社会逐渐从高碳化迈向低碳化、零碳化时代。在城市交通领域，近几年城镇化和机动化水平迅速提升，且城市人口密集，城市交通的碳排放急剧增加。在全球控制温室效应的背景下，城市交通领域的低碳化、零碳化转型也成为大势所趋。城市交通部门必须尽快出台行之有效的策略和实施路径，以实现城市交通领域的碳达峰与碳中和。

目前，一些国际大城市已经制定了城市层面的碳中和战略，并出台了相关文件，明确了城市层面实现碳中和的目标年份，同时提出了交通碳减排的思路和方向。例如，2019年12月，日本东京出台了《零排放东京战略》（Zero Emission Tokyo Strategy），提出到2050年要实现城市层面的零碳排放。2021年3月，英国伦敦颁布了《大伦敦发展规划》（The London Plan），提出要在2050年实现零碳排放。

现阶段，城市交通碳排放绝大部分来自传统汽车对汽油、柴油等化石燃料的燃烧，还有一小部分来自煤炭、石油等非可再生资源产生的电能，这些电能主要用于轨道交通、新能源汽车供电等领域。因此，交通行业想要实现碳中和，可以从交通能源转型入手，减少化石燃料的使用，转向利用可再生资源，推进纯电动汽车、氢燃料汽车等新能源汽车的普及，实现城市交通电气化转型。具体来看，城市交通电气化转型的实施路径大致呈现出两大特点。

1. 分阶段分领域推进

各国推进城市交通电气化转型时，通常会制定阶段性的目标，并根据不同的交通领域有序推进。以英国为例，2018年，英国交通部出台了引领交通领域清洁化发展的纲领性文件《零排放之路》（The Road to Zero），并明确了全面推进汽车电气化转型的阶段性目标，如表1-2所示。

表1-2 英国汽车电气化转型的阶段性目标

时间	目标
2030年	在新销售车辆中，超低排放乘用车的占比要达到50%～70%，超低排放轻型厢式货车的占比要达到40%
2040年	超低排放车辆的销售要达到100%，全面停止传统燃油汽车的销售，不过在2020年2月4日，时任英首相鲍里斯·约翰逊将这一计划提前到2035年，以加快英国交通电气化转型
2050年	争取所有在使用的乘用车和轻型厢式货车全部利用清洁能源，全面实现汽车零碳排放

同年，伦敦也根据英国整体的零排放战略出台了《伦敦市长交通战略》（Mayor's Transport Strategy），提出到2050年，伦敦在城市层面实现全部车辆零碳排放，并为不同领域的车辆制定了相应的电气化时间表。

2. 通过政策创新为电气化转型提供强有力的保障

在全球碳中和目标的指引下，各国政府开始通过政策创新来推进交通电气化转型，实现汽车能源由传统化石能源向新能源的转变。从国际上看，要想实现交通全面电气化转型，通常会根据不同的环节来制定不同的政策目标和实施路径，具体来看通常包含生产销售、购买置换以及运营使用三个环节，如表1-3所示。

表1-3 推动交通电气化转型的创新型政策措施

环节	分类	政策目标	典型案例或最新做法
生产销售环节	燃油汽车销售	明确燃油汽车退出时间表，从源头促进汽车产业结构向新能源汽车转型	荷兰、挪威明确到2025年实现燃油汽车退出市场；法国提出到2040年实现燃油汽车退出市场；中国海南提出到2030年实现燃油汽车退出等
购买置换环节	新能源汽车购置补贴	对购买新能源汽车的用户给予购置补贴，降低新能源汽车购置成本	日本东京：为购买纯电动汽车的用户给予30万日元的补贴，加上国家补贴，最高可达110万日元
购买置换环节	燃油汽车置换新能源汽车的经济激励	通过经济手段鼓励车主将燃油汽车更换为新能源汽车	英国：计划对将燃油汽车更换为新能源汽车的车主给予6000英镑的奖励
运营使用环节	新能源汽车运营激励	给予新能源汽车运营激励，鼓励存量燃油汽车置换为新能源汽车	中国北京：2020年发布实施新能源轻型货车运营激励政策，对一定周期内累计报废或转出名下京籍汽油/柴油货车且更换为新能源轻型货车达5辆及以上，在京行驶载货总里程不少于1万公里的，给予每辆车一定的资金奖励

续表

环节	分类	政策目标	典型案例或最新做法
运营使用环节	新能源汽车通行便利	营造新能源汽车便利的通行环境，提高新能源汽车对消费者的吸引力	美国加州：新能源汽车可以在HOV（High-Occupancy Vehicle Lane，高承载率车道）上行驶
	超低排放区、零排放区	通过在市中心或者核心区设置超低排放、零排放区，引导传统燃油汽车更换为新能源汽车	英国伦敦：2019年起将伦敦设定为低排放区，限制不符合排放标准的车辆进入，并赋予新能源汽车通行豁免权
	新能源汽车使用优惠	给予新能源汽车在停车、充电等方面的优惠，提高新能源汽车的吸引力	中国海南：提出按照不同区域、不同位置、不同车型、不同时段实行新能源汽车停车服务收费低于非新能源汽车的差别收费政策
	建立机动车碳税制度	提高传统燃油汽车的使用成本，引导和鼓励市民选择新能源汽车	德国：2021年起提高新车的气候保护附加税，对碳排放量超过195g/km的机动车，每超出1g征收4欧元的附加税

打造"绿色出行"的生活新模式

从出行角度分析，交通碳排放与车辆行驶里程息息相关。随着城镇化进程不断加快，城市规模和空间不断扩大，城市内部的出行距离越来越长。此外，人类社会机动化水平不断攀升，私家车数量激增，城市内所有车辆的行驶里程总和不断增长，使得城市内交通碳排放量直线上升。因此，减少出行碳排放也是实现碳中和的重要内容，可以从以下两方面来实施。

1. 源头降需

国家或城市开展交通电气化转型，可以推动城市形态由宽泛型向紧凑型变革，缩小城市空间，同时开通更多便捷的轨道交通路线，让人们借助自行车或轨道交通便可实现自由出行，从而减少对汽车的需求，实现低碳化或零碳化出行。

东京交通部以综合交通枢纽为中心，聚拢多个商业主体，打造东京聚集型交通生态圈，让人们通过步行或自行车就可以轻易到达目的地，如学校、公司、商场等。北京也自2021年开始在交通车站周围部署各种功能区，包括公共设施、商业办公、生活服务等，既方便市民工作、生活及娱乐，又可以减少交通出行带来的碳排放，实现低碳化的生活模式。

2. 结构优化

通过"一提一降"策略优化城市交通结构，促进城市交通工具从高碳排放的汽车向低碳乃至零碳排放的交通工具变革。其中，"一提"指的是提升绿色出行品质和体验，通常是通过强化公共汽车、轨道交通等的服务能力和服务水平来实现。现阶段，国内外的具体实践主要有以下两种方式。

- 加大对绿色出行的宣传力度，并将其与健康理念相结合，让人们能够真正领会到绿色出行的重要性，同时出台相关的鼓励政策，例如道路优先行驶权、更广阔的出行空间等，提升绿色出行的质量。
- 遵循"出行即服务（Mobility as a Service，MaaS）"的理念，全面提升绿色出行的服务体验，以吸引更多市民选择绿色出行。

2018年，伦敦颁布了《伦敦市长交通战略》，明确提出了"健康街道"的交通政策，并将其细分为十个方面，如图1-1所示。"健康街道"

旨在为市民提供更加便捷、安全、舒适的交通环境，促使人们更加愿意选择步行、自行车、公共汽车等低碳化、无碳化的出行方式。

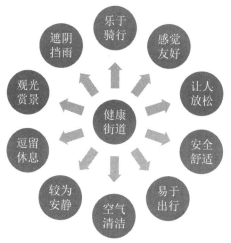

图1-1 伦敦健康街道十大指标

2019年，北京开始建设MaaS平台，并通过泛在连接的网络将城市轨道交通、公共汽车、非机动车、铁路、私家车等所有交通出行数据整合在平台中，并通过数据分析掌握人们的出行需求和偏好，一方面推出绿色出行普惠激励措施，吸引人们选择绿色出行，并逐步引导人们形成习惯，同时提升绿色出行的服务体验，进一步促进低碳、无碳出行的普及。

"一降"指的是降低小汽车出行的需求，通过协调和管控车辆保有量和车辆使用两个方面来进行。在保有环节，通过出台车辆限购政策、降低车辆保值政策等来降低人们对车辆的购买欲望，从而减少居民拥有的车辆数目，进而降低人们对车辆出行的需求。在使用环节，通过出台车辆限行、道路拥挤收费、停车缴费等措施，减少平均车辆出行率。

这两个方面可以有效地降低车辆出行带来的碳排放。从国际上看，近几年很多国家或城市不断加大对燃油汽车的限制和管控，同时赋予新能源汽车更多优先权，从而促进车辆能源转型。其中，新加坡、日本东京、我国上海和北京等推行的政策措施和实施路径较为典型,具体做法如表1-4所示。

表1-4 降低小汽车交通需求的典型案例和做法

政策措施分类		典型案例和做法
保有环节	拥车证制度	新加坡:自1990年开始实施机动车配额制度,所有新车必须购买"拥车证",有效期10年
	车辆牌照拍卖	中国上海:自1994年起对非营业性客车实行拍卖政策,并对消费者购买新能源汽车用于非营运免费发放专用牌照
	摇号配置车辆额度	中国北京:自2011年起以摇号的方式实行小客车数量调控;小客车年度配置指标由24万个减少至15万个,2018年继续减少至10万个,其中新能源小客车占比60%
使用环节	车辆限行	中国北京:自2008年起按车牌尾号实行机动车工作日高峰时段区域限行交通管理措施,其中新能源小客车不限行
	停车治理	日本东京:通过差异化的停车价格和严格的停车执法,实现"以静制动",降低小汽车出行需求
	拥挤收费	新加坡:1975年开始实行拥挤收费,以减少中央商务区的交通量

完善法规标准,注重科技创新

政府部门确定了城市交通碳中和的目标和实施路径后,还需要制定并创新相关的法规标准,同时创新研发相关科技,为实现城市交通碳中和提供技术支持和法律保障,从而全面、安全、高效、高质地完成城市交通碳中和的目标。

在法规标准方面,很多发达国家或地区以及国际大城市制定了一些政策性文件,并且都重点强调对机动车碳排放的限制和管控。

例如,2019年,欧盟出台了《欧洲绿色协议》(The European Green Deal),提出到2050年要全面实现碳中和,并规定交通运输领域的碳排放量须降低 90%。同时，欧盟还制定了相应的汽车二氧化碳排放的标准法规，要求销售新车的二氧化碳排放水平要低于 95 g/km，从源头上降低交通碳排放。

美国加利福尼亚州也出台了交通碳排放的相关法规，要求汽车销售市场必须销售一定数量的纯电动汽车和氢燃料电池汽车等零碳排放车辆，并在 2020 年将这一要求从小汽车和轻型货车延伸至重型货车领域，同时计划到 2045 年，所有新销售车辆全部是零碳排放型车辆，从根源上解决交通碳排放问题。

在科技方面，基于碳中和的总体目标和实施路径，必须对交通领域的技术进行创新，为交通电气化转型以及交通结构优化提供强有力的技术支撑。目前国际上主要采取以下策略。

- 提升新能源汽车的竞争力与吸引力。通过技术创新，优化新能源汽车的性能，提升其续航能力，降低其运营、维护和保养成本，为人们带来更加舒适、安全、高速的新能源汽车，从而吸引人们购买。
- 打造高效、安全、低碳的交通生态圈。促进人工智能、大数据、物联网等新一代信息技术与交通领域的深度融合，推动交通领域的数字化变革，并结合 MaaS 打造全方位链接的交通生态系统，在满足人们出行需求的同时尽可能降低交通碳排放，实现高效绿色出行。

全球背景下我国零碳交通的实践启示

我国的城镇化和机动化起步较晚，目前正处于城镇化和机动化快速推进阶段，相应的交通碳排放也在持续增加。而我国计划于 2060 年全面实现碳中和，时间紧任务重，必须加快交通电气化转型，减少交通碳排放。在这个过程中，我国可以借鉴国际上成功的策略和实施路径，以高效推动城市交通碳中和。

1. 尽快编制全市碳中和及交通领域碳中和路线图

在全球碳中和的目标下，各城市要结合国内全面碳中和目标以及城市的发展特点，制定科学的碳中和实施方案，明确全市碳中和的发展思路和阶段性目标，并在各个领域逐步推行，同时要基于全市碳中和的基本框架，重点关注交通碳中和领域，借鉴国际大城市的先进经验，制定合理的交通碳中和目标和时间表，设计科学的实施路径，有序地推进交通领域以及全市各领域的碳中和。

2. 建立城市交通碳中和政策措施工具箱

各城市要基于城市交通碳中和的目标和发展思路，制定相关的政策措施，多措并举、综合施策。一方面要重点推动交通电气化转型，同时优化交通结构，提倡并激励低碳化、零碳化的出行工具和方式，打造低碳环保、安全高效的交通体系；另一方面要注重衡量交通碳减排阶段性目标的完成情况，对相应的关键性政策措施进行合理评估和优化，以适当调整人力、资金、科技等资源的配置，高质量、高效率地推进城市交通碳中和。

3. 为实现城市交通碳中和提供法律和技术保障

我国要从国家层面和城市层面进行科技创新和法规标准的创新。在科技方面，我国要注重物联网、大数据、人工智能等技术在交通领域的应用，同时基于交通电气化转型和交通结构优化的需求，不断研发新型交通技术，为交通碳中和提供强有力的技术支撑。在法规标准方面，我国要借鉴国际大城市交通碳中和的典型案例，结合全国和各城市交通网络的实际情况，创建并完善碳中和相关的法律标准，为交通碳中和的实现提供法律保障。

4. 建立碳排放统计监测、计量和精细化核算体系

碳中和目标的实现对城市各领域碳排放的精细化核算提出了更高的要求，而交通领域比较特殊，因为其具备较强的时空变化特征，这意味着交通碳排放的统计、监测、核算等工作的难度更大。

因此，各城市要积极利用新一代信息技术，集成统计监测、计量、精细化核算等功能，搭建衡量城市交通碳排放的一体化平台，并创建精细化核算模型和预测模型。在具体实践中，各城市要借助大数据等技术全面收集整合交通出行领域的多源海量数据，通过精算模型计算交通碳排放量，同时通过预测模型预测未来的交通碳排放，并以此为依据制定并优化城市交通碳减排的目标和措施。

对我国而言，实现碳中和是一项艰巨且意义重大的任务，不仅能够展示我国的实力，提升国际地位，而且能够为全球碳中和贡献一份巨大的力量，为全人类的可持续发展作出贡献。交通碳中和是碳中和的一个重点领域，也是一项庞大的、系统性的、长期的工程。

我国现阶段尚处于机动化高速发展的阶段，交通碳中和面临着巨大的挑战，既需要转变传统交通观念，又需要变革交通发展模式和理念，还需要革新交通领域的技术、政策法规等，强化交通碳中和的理念，推动交通各领域以及交通与其他领域的协同配合，全面实现城市交通碳中和。

第 2 章
绿色交通：驱动交通低碳化转型

实现"双碳"目标的必然选择

交通运输是国民经济的一个重要物质生产部门，是连接社会生产、分配、交换与消费的重要纽带，是保证社会经济正常发展的重要前提。随着经济高速发展，我国的交通运输业实现了跨越式发展，与此同时高能耗、高排放问题也变得日益突出。

随着人们购买力不断提升、制造技术持续突破等，汽车不再是中高收入群体的专属，逐渐成为一种大众消费品。我国汽车保有量迅猛增长，带来了交通拥堵、环境污染等诸多问题，为我国的可持续发展带来了一系列阻碍。

在此形势下，发展人与自然和谐的绿色交通的呼声越来越高，而发展绿色交通绝非易事，需要相关部门转变思维模式，加快研究制定绿色交通的法律法规，构建绿色交通体系，为绿色交通发展绘制蓝图。

根据国际能源署（IEA）统计的数据，在全社会的碳排放总量中，交通运输领域的碳排放占比达到了 9.7%，其中路面交通的碳排放在交通运输领域碳排放中的占比达到了 80%。如果将交通工具生产以及运输等环节产生的碳排放计入其中，那么交通运输领域的碳排放在全社会的碳排放总量中的占比将超过 10%。

在"双碳"背景下，交通运输领域节能减排，实现绿色低碳转型的意义重大。首先，交通运输领域的绿色低碳转型有助于应对全球气候变暖，为经济的可持续发展奠定良好的基础；其次，交通运输领域的绿色低碳转型有助于加快生态文明建设，为美丽中国建设目标的实现产生积极的推动作用；再次，交通运输领域的绿色低碳转型有助于现代化综合交通运输体系建设，为交通强国战略的实现赋能；最后，交通运输领域的绿色低碳转型有助于实现国家治理体系和治理能力的现代化。

绿色交通是一种全新的城市交通理念，通过发展多元化的城市交通出行工具，大幅减少私家车使用，从而减少城市交通拥堵和环境污染，实现交通资源的合理利用，提高交通运输系统的运作效率，促进社会公平，推动城市从一个中心的同心圆结构转向多个中心的轴线模式，实现城市交通的绿色低碳转型。

绿色交通是以最少的社会成本实现最大的交通效率，是环境保护与可持续发展理念在城市交通发展领域的体现，应该成为新时代城市轨道交通网络规划的基本思想。绿色交通有助于解决各种城市交通问题，构建通达、有序、安全、舒适、低能耗、低污染的现代城市交通网络。从交通出行方式上看，绿色交通工具的优先级依次为步行、自行车、常规公共交通和轨道交通、共乘车和私家车。

发展绿色交通是实现可持续发展的必然选择，它强调提高现有土地、岸线、设备等资源的利用效率，实现废旧路面等资源的重复利用，优先发展公共交通，通过结构性减排、技术性减排等降低污染。在加快交通基础设施建设过程中，将生态保护和污染综合防治相结合，实现交通和自然的和谐发展。

交通管理部门应该充分利用重点实验室等创新平台，引入新设备、新技术及新工艺，通过政策引导及资金激励让更多创业者及企业投身低碳交通、绿色环保等事业，完善绿色交通体制机制，让监管部门切实发挥自身的监督作用，引导相关企业建立产业联盟，推进交通运输业持续健康发展。同时，监管部门定期组织团队对各行业的重大项目进行环境评估，并开通广大民众投稿通道，对违反有关规定的个体及组织给予严厉惩罚。

如何构建绿色交通体系

目前，世界各国在发展城市绿色交通方面已经达成共识：通过建立和完善城市轨道交通系统，减少私家车使用，形成运量大、效率高、能耗低、污染少、安全可靠、舒适快捷的立体化公共交通网络，不断增加城市交通的"绿色性"。例如法国斯特拉斯堡市打造的"绿色大蟒蛇"轻轨交通系统，已经成为欧洲绿色交通的标杆工程。

下面结合我国交通运输行业的发展现状，对构建绿色交通体系的实践路径与具体策略进行具体分析。

1. 厘清汽车消费定位

结合各地区的发展规划，对汽车规模进行适度控制，积极推广绿色出行；对广大民众的汽车消费需求进行引导，让人们树立正确的汽车消费价值观，充分使用绿色交通资源；深化交通运输领域的供给侧结构性改革，在扩大绿色交通供给规模的同时注重提高供给效率与质量，让人们享受高水平的绿色交通运输服务，成为绿色出行的积极拥护者。

安全、便利、舒适及可达是绿色交通的几大重要特征，为此，我国交通部门要深入贯彻落实公交优先战略，通过建立综合换乘枢纽站、公交港式车站、公交专用道等方式为公共交通开辟绿色通道，提高公共交通的通行效率与质量，同时要运用大数据、云计算、人工智能等新一代信息技术，提高绿色交通资源的配置效率，对公共交通站点及运行线路进行科学规划，降低出行成本，减少交通拥堵及交通事故的发生。

2. 推进轨道交通建设

我国交通部门要基于轨道交通规划，对公交线路进行优化调整，将轨道交通网络和公交交通网络无缝对接，减少人们换乘交通工具时的步行距离，节约转乘时间，让人们享受到便捷高效的公共交通出行服务。

3. 改善慢行基础设施

我国交通部门要对城市公共交通网络进行优化改造，不断满足节能环保的自行车出行需求，完善自行车出行基础设施，对交通事故频发的交叉路口要尤为重视，提高自行车出行的安全性，在步行需求集中的区域设置步行通道，满足人们通勤及锻炼身体的需求。

4. 加快道路网络化进程

我国交通部门要实施城市外部通道畅通工程，完善城市高架路建设，在城乡及重要区域间的交通节点建设方面投入大量资源，科学规划区域交通体系、城市交通体系及城乡交通体系，最终形成内畅外联的交通新格局。

5. 提供差别化停车设施

从我国目前停车设施的基本情况来看，现有的停车设施远远无法满足人们的停车需求，未来一段时间仍要进一步扩大停车设施供给量，同时要提高停车设施的管理水平。目前，我国很多城市建设规划不合理，没有充分考虑到人们出行时的停车需求，白天小区停车位大量闲置，而周边街道与店铺则面临着严重的"停车难""停车贵"问题。推行差别化停车，既可以解决停车难问题，也可以使社区的停车资源实现最大化利用，给社区带来一份额外收益，一举多得。

6. 加强交通规划与土地规划协作

我国交通部门要对交通规划和土地规划进行协调，对公共交通沿线区域进行充分开发，提供完善的基础配套设施，让人们的本地化生活需求在交通沿线即可得到满足，降低长距离出行频率，在降低人们出行成本的同时也能有效缓解交通拥堵。

随着智慧城市建设进程不断加快，一系列先进技术与设备的运用在促使智能交通具备广阔想象空间的同时，也为发展绿色交通奠定了坚实的基础。智能交通强调实现交通运输信息化，建立全方位、立体化、多层次的智能交通系统，有助于提高交通运输管理水平，降低交通污染，这些都与绿色交通理念高度契合。

因此，我国交通部门要建设公共交通出行信息系统及物流公共信息平台，为企业及民众提供交通信息服务，引导人们高效出行，同时要完善城市公共交通"一卡通"服务平台建设，实现区域间的互联互通，从区域协同发展的角度进行基础设施及公共服务设施的规划与建设。

我国要大力发展新能源汽车，完善充电站等基础配套设施，对耗能较高的车站、码头、机场能源供给体系进行改造升级，引进太阳能、风能等新能源，提高公交车辆的投放力度，用新能源公交车取代老旧公交车，让公众享受到安全、高效、环保的公共出行服务。

我国交通运输的低碳化转型路径

绿色交通是一个综合性的交通系统，以节能、环保、安全的交通设施为基础，以公共交通、非机动车辆、新能源汽车为基本的出行工具，借助高效、智能、先进的交通管理理念，可以实现与国土空间规划和城市开发协调发展。但绿色交通建设并非易事，相关企业与部门不仅需要完善基础设施建设，还要改变运营管理理念，坚持理论与实践相结合，探寻一条具有中国特色的绿色低碳转型之路。

1. 制定合理的公路运输发展规划

公路运输想要提高运行效率与管理效率，实现低碳减排，要做好以下几点。

① 公路运输企业要根据《中华人民共和国行政许可法》中与道路运输有关的规定制定公路运输发展规划，让各部门按规定开展相应的管理工作。管理人员要根据企业的实际管理需要更新管理理念，完善服务意识，为公路运输的绿色低碳转型提供必要的支持与帮助。

② 公路运输企业要立足于自身的发展状况，参考政府发布的相关政策，建立健全管理制度与管理体系，坚持用"以人为本"的原则开展管理与服务，在实践过程中不断发现自身存在的问题，及时改进，以明确发展方向，持续优化服务。

③ 公路运输企业下设很多部门，这些部门可能因为职责不明确在管理过程中出现交叉管理的问题，给后期管理工作带来一定的麻烦。为了避免这种情况发生，公路运输企业要明确各部门的管理职责与权限，让各部门各司其职，履行好自己的工作职责。

④ 公路运输企业要结合自身的实际情况建立举报系统，并设置专门的监督管理部门，对群众举报进行核实处理，在内部塑造一个公正、良性的发展环境。

2. 注重低碳技术与绿色能源的利用

公路运输行业的绿色低碳转型要积极引进先进的低碳技术，广泛使用绿色能源，具体策略如下。

① 引进先进的低碳技术。在"双碳"背景下，公路运输企业的发展规划要始终立足于低碳理念，在拓展业务、获取经济利益的同时要注意控制碳排放，实现碳减排。在这个过程中，低碳技术发挥着重要作用。公路运输企业要持续加大对低碳技术的开发与引进，不断推进低碳技术创新与发展。例如，在发动机领域，公路运输企业可以大力研发新机型，利用新能源代替传统的柴油、汽车等能源，以实现节能减排，降低公路运输的碳排放。

② 广泛应用绿色能源。公路运输行业的节能减排，除了要持续推进技术创新，引入先进的低碳技术之外，还要广泛利用绿色能源，提高绿色能源在公路运输能源结构中的占比，通过绿色能源的大规模使用带动公路运输行业实现低碳绿色发展。

3. 加强绿色交通的政策保障

目前，虽然我国交通行业开始围绕节能减排修订相关的法律法规，试图为绿色交通的发展打造一个完善的政策体系，但这远远不足以为绿色交通的发展提供强有力的支持。此外，在交通行业绿色低碳发展方面，我国尚未形成有效的激励机制与配套的产业政策，也没有建立起与市场经济体制相匹配的交通需求预测管理与综合能源规划等机制，政府导向力度不足，现有的经济性政策与宏观调控政策所能发挥的作用有限。

在此形势下，为了推动绿色交通稳步发展，我国政府部门不仅要在全社会范围内大力倡导绿色交通，还要制定严厉的惩罚措施，对高排放、高污染的交通方式进行限制，根据车辆能耗情况与碳排放量建立差异化的收费标准，建立绿色税收制度，通过税收优惠、给予燃油补贴等方式对新能源汽车进行补贴，鼓励全社会选择新能源汽车。

此外，我国政府部门要围绕交通运输行业的绿色低碳发展制定地方性法规，建立健全与之配套的规章制度与标准。例如相关部门要始终秉持绿色低碳理念制定交通基础设施设计与施工规范，对交通项目的节能评估与审查、交通运输结构的调整提供强有力的政策支持。

在"双碳"背景下，我国公路运输开始向绿色低碳的方向转型发展，走上了一条全新的道路，在这个过程中势必会出现很多问题。相关企业与部门要及时发现问题、正视问题，根据交通行业的总体发展规划制定管理体系，积极引入各种新能源工具，持续推进交通行业的基础设施建设，为公路运输行业的可持续发展奠定良好的基础。

深化交通运输供给侧结构性改革

过去几十年，我国交通基础设施建设虽然快速推进，但整体处于供不应求的状态，导致相关部门制定的交通运输发展规划总是以满足运输需求为目标。目前，随着交通基础设施建设逐渐完善，经济发展进入稳定增长阶段，交通运输需求逐渐实现了供需平衡，在此形势下，我国要深化交通运输供给侧结构性改革，改变需求决定供给的发展思路，在兼顾运输需求以及运输层次的变化的同时，秉持创新、协调、绿色、开放、共享的发展理念，将供给对需求的引领作用充分发挥出来，为社会经济的可持续发展奠定良好的基础。

基于新形势、新要求，我国交通运输行业的供给侧结构性改革要秉持以下思路，即积极适应交通运输需求的改变，建立综合交通运输体系，改变交通运输方式，提高交通运输网络的通行效率与服务能力，构建一个现代化的交通运输体系，提高交通服务效率，推动整个交通运输行业实现绿色低碳发展，将交通运输对经济发展的支撑作用充分发挥出来。

1. 增强交通运输总体供给能力

交通运输业作为一项重要的基础性产业，对经济结构优化升级，推动服务经济发展具有十分重要的价值。未来，我国交通运输业要在保持适度投资规模及发展速度的同时，完善交通基础设施建设，引入先进的现代化交通运输组织方式，提升交通运输总体供给能力，实现快速稳定发展。

2. 全面提升公共服务水平

提高交通运输业的发展水平是一项惠及民生的重要工程，为了充分满足广大民众对交通运输的需求，我国交通运输业必须全面提升交通运输基本公共服务均等化水平，完善中西部地区的交通运输设施建设，打破限制物流、商流、资金流、信息流在全国高效流通的一系列阻碍，不断拓展交通路网的覆盖广度及深度，让交通运输业发展成果惠及亿万民众。

3. 积极推进综合交通发展

我国要深化交通运输业改革，提高交通运输资源的利用效率，开放交通运输信息资源，提升铁路、公路、航空、水运及管道等运输方式间的衔接能力，建立综合交通运输信息管理平台，大力发展公水联运、甩挂运输及陆空联运等现代化的运输组织模式，使交通运输在服务及改善民生、推动国民经济健康稳定发展方面发挥重要作用。

4. 加快推进交通运输与互联网的有机融合

我国要大力发展"互联网+交通运输""智慧物流""智慧交通"，开放更多交通运输数据资源，为创业者及企业的创新实践提供良好的发展环境，实现大数据、物联网、移动互联网等新一代信息技术与交通运输业的深入融合，提高交通运输资源的利用效率与质量。

5.全面深化交通运输重点领域和关键环节改革

我国要开展交通运输投融资体制改革，迎合国家财税体制改革的发展趋势，这对明确中央和地方政府的权力与责任、政府和市场之间的关系具有十分积极的影响，同时要推进交通运输治理体系现代化，深化行政审批制度改革，完善相关的法律法规，使政府部分的工作从行政管控转变到优化交通运输业发展环境、维护市场秩序及促进良性竞争、为广大民众提供完善的公共服务中来。

第 3 章
基于低碳技术的城市轨道交通建设

城轨交通绿色低碳发展面临的挑战

城市轨道（以下简称城轨）交通凭借承载量大、速度快、时效性好等特点成为城市居民乘坐公共交通工具的首选，成为承载低碳出行的主要交通方式。目前，我国各个城市仍在大力发展城轨交通，而城轨交通建设与运营需要消耗大量能源，产生大量二氧化碳。在"双碳"背景下，为了响应交通行业碳减排的要求，城轨交通要设定碳减排目标，制定碳减排方案，提高能源利用效率，向绿色低碳的方向转型发展，为实现碳减排、碳中和目标奠定良好的基础。

但城轨交通的碳减排并非易事。根据中国城市轨道交通协会发布的《城市轨道交通2020年度统计和分析报告》，截至2020年底，我国共有45个城市开通城轨交通运营线路244条，运营线路总长度7969.7千米；新增运营线路36条，新增运营线路长度1233.5千米；累计投运车站总计4681座（线网车站每个车站只计一次，换乘站不重复计算），其中换乘车站472座；总电能耗172.4亿 kW·h，同比增长12.9%，其中牵引能耗84亿 kW·h，同比增长6.3%；单位平均人公里总电能耗0.1kW·h，同比增长52.2%；单位平均人公里牵引能耗0.1kW·h，同比增长43.2%。随着新开通的城轨交通线路越来越多,城轨交通的能耗水平将不断提高,给城轨交通的绿色低碳发展带来了巨大的挑战。

1. 城轨交通的耗电量居高不下

根据中国城市轨道交通协会发布的数据,全国城轨交通总用电量逐渐上涨,2018 年为 132.12 亿 kW·h,2019 年为 152.6 亿 kW·h,2020 年为 172.4 亿 kW·h,在全国总用电量中的占比达到了 3%,电费成本在城轨交通运营总成本中的占比超过了 20%。城轨交通的能耗系统非常多,每个系统的耗电量都不同,具体如图 3-1 所示。

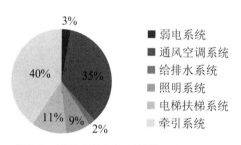

图3-1 城轨交通能耗系统的组成及占比

由图 3-1 可知,在城轨交通能耗结构中,占比较大的是牵引系统与通风空调系统,因此这两个系统也是节能减排的重点。而想要推进节能减排,首先要发现导致系统能耗高的原因,有针对性地采取措施,但目前我国关于城轨交通运营能耗的统计数据比较少,单项、单体、单线能耗数据缺失,难以进行数据分析。再加上,我国大多数城市的城轨列车调度、设备调试与运营维护主要依赖人工,管理方式比较粗放,亟须引入智能化运维管理手段,积累更多运营数据,创建数据驱动的列车调度与运维管理方案。但受成本、技术、观念等因素的影响,城轨交通的信息化、智能化改造迟迟无法取得良好的进展,进而导致城轨交通的能耗水平一直居高不下。

2. 管理方式与建造技术亟待革新

在管理方式方面,从城轨交通建设与运营的全生命周期来看,城轨交通节能降耗的空间还很大。例如,在城轨交通的建设阶段,土建施工需要使用大量机械设备,目前这些机器设备仍以燃油机械为主,在施工过程中会产生大量二氧化碳等气体。如果用电动机械代替这些燃油机械,使用清洁能源代替石油、柴油等化石能源,就能在这个阶段减少碳排放。但机械电动化、能源清洁化改造并非易事,都面临着成本、技术等难题。

在建造技术方面,城轨交通车站站台及其他配套建筑使用传统的建筑材料与建造方式也会造成比较严重的环境污染,排放大量二氧化碳。为了在这个阶段实现节能减排,可以推广应用绿色建筑与装配式建筑。绿色建筑是一种可以在全生命周期内最大限度地节约资源、保护环境、减少污染,为人们提供健康、舒适和高效的使用空间,与自然和谐共生的建筑物。装配式建筑指的是由预制部品部件在工地装配而成的建筑,整个过程操作简单,能够最大限度地节约能源,减少碳排放。但目前绿色建筑尚未在我国实现推广应用,在城轨交通领域的应用更是极少,装配式建筑也只在我国个别城市的个别城轨交通车站的主体结构中有所应用,距离推广使用还有很长一段距离。

3. 城轨绿色低碳标准体系亟待健全

为了对城轨交通绿色化建设与运营进行规范化管理,以美国为代表的西方国家使用 LEED(Leadership in Energy and Environmental Design)绿色建筑评价标准体系对城轨交通车站建筑的绿色化水平进行评价。虽然我国也发布了一些标准,例如 2019 年中国工程建设标准化协会发布的《绿色城市轨道交通建筑评价标准》、中国建筑节能协会发布的《绿色城市轨道交通车站评价标准》,但这些标准建立的评价体系框架不一致,而且沿用的是《绿色建筑评价标准》(GB/T 50378—2014)中"四节一环保"的框架。随着《绿色建筑评价标准》(GB/T 50378—2019)发布,《绿色建筑评价标准》(GB/T 50378—2014)已经废止,之前出台的评价标准也不再适用。

再加上,我国城轨交通绿色化建设刚刚起步,各专业、各部门的职责尚未明确,不能简单地借鉴《绿色建筑评价标准》(GB/T 50378—2019)中的相关内容,亟须建立完善的标准体系,在温室气体监测、核算、排放限额等方面形成统一的标准,建立碳排放专项法律、法规及相关标准,为城轨交通的绿色低碳发展提供完善的标准支持。而标准体系的建设并非易事,需要相关部门投入大量时间与精力,很难在短期内完成。

城轨交通的绿色低碳技术体系

在"双碳"背景下,整个交通行业都开始积极研发低碳技术,实现节能减排。城市轨道交通想要实现绿色、低碳、高质量发展,必须转变传统的粗放式发展模式,建设绿色低碳技术体系。下面我们从建设施工、车辆运营、节能管理三个层面切入,对城市轨道交通绿色低碳技术体系建设提出一些建议。

1. 建设施工

为了实现碳达峰、碳中和,我国整个建筑行业都在推进智能化、绿色化转型。在此形势下,城市轨道交通建设要遵循绿色低碳的原则,在保证建造质量的同时要充分考虑能耗、环保等问题,让绿色低碳技术贯穿设计、施工的全过程,具体来看要做到以下几点。

① 在设计阶段,城市轨道交通设计要遵循绿色低碳、可持续发展理

念。在宏观层面，地铁车站、地铁线路要与周围的建筑景观、自然景观、人文景观实现和谐发展，通过轨道交通建设推进相关片区综合发展；在微观层面，地铁车站、线路、供电等系统在设计时都要遵循节能理念，设定节能减排目标，为"双碳"目标的实现做出贡献。

② 在施工阶段，为了减少整个建造过程的能源消耗，城轨交通建设可以使用一些新兴的建造技术，例如BIM（Building Information Modeling，建筑信息模型）、装配式建造等；选用陶瓷化材料、泡沫玻璃、硅酸钙新型防火板等新型环保材料；优先选择电动化的机械装备，例如纯电动机械或者插电混合动力机械，以降低燃油消耗，减少尾气排放。

③ 在施工管理阶段，城轨交通建设要对设计、生产、施工等环节进行协同管理，在施工过程中制定环境保护措施并严格执行，减少施工所造成的空气污染、土壤污染、噪声污染等，同时保证整个施工过程按计划进行，提高施工效率，保证施工质量，减少返工事件发生，以免造成不必要的资源浪费。

2. 车辆运营

对于城市轨道交通来说，车辆行驶过程中的能源消耗巨大，是节能减排的关键环节，具体措施如下。

（1）研发绿色"简统化"车辆，对多种低碳技术进行集成应用

"简统化"指的是接触网零部件及安装的"简单统一标准化"，具体来看就是统一技术参数、统一并简化装备结构形式、统一并减少零部件种类，提高关键零部件的工作性能。绿色"简统化"车辆的研发需要在列车中引入新型储能车载动力装置、永磁同步电机、高频辅助变流器、节能空调系统、智能照明装置等节能设备，使用铝合金、碳纤维等轻量化材料打造一个轻量化结构，减轻列车重量，从而减少列车在运行过程中的能耗。

（2）打造柔性智能化配电系统

具体措施如下：

① 利用柔性直流输电技术对输电系统的相关参数进行灵活调节，提高输电系统的输电能力，降低各种故障对输电系统的影响，保证电力系统实现稳定运行、灵活运行。

② 采取多车协同节能运行控制策略，利用双向变流技术、新型储能技术打造柔性直流牵引供电系统，将再生制动电能并入电网，改善电能质量。

③ 使用分布式光伏发电等新能源技术，在车站及辅助建筑的顶部、人行天桥、疏散平台、沿线边坡等场地铺设太阳能电池板，将产生的电能接入车站的用电系统，优先满足车站建筑的用电需求，减少对传统化石能源的消耗，同时利用储能装置或者蓄电池将剩余的光伏电能储存起来，与城市电网一起满足用电高峰期的电能需求，提高绿色电能的消耗比例，实现节能减排。

（3）列车自动控制与线路节能设计

运营人员根据线路弯道、坡道以及列车自身的载重情况设计自动驾驶路线，让列车在行驶过程中可以自动调整行驶速度，始终处于最佳行驶状态，避免频繁地加减速，以降低行驶过程中的能耗；在设计列车行驶路线时尽量采取较大平曲线半径，因为曲线阻力越大，列车在行驶过程中的能耗越高；合理设置节能坡，让列车在上坡下坡的过程中完成动能与势能的自由转换，从而减少牵引能耗。

3. 节能管理

① 城轨交通运营企业在内部成立节能减排管理部门，创建节能减排工作小组，建立节能工作制度，完善节能绩效评估与考核标准，设定节能目标，并利用云计算、大数据、人工智能等技术创建城市轨道交通能源管

理平台，对城市轨道交通各项设施的运行状态、能耗情况进行动态管理。

② 创建能源管理系统，探索能源管理的有效模式，可以采取分期、分批实施策略，先在某个区域、某个环节进行试点，成功后再将相关方法与模式推广应用到其他区域与环节，推动节能减排工作实现系统化、规模化发展。

③ 与综合监控系统、电力监控系统等既有的能源管控系统协作，利用大数据、物联网、人工智能、移动互联网等技术，结合城市轨道交通运营过程中产生的各类数据，对行车组织、客流量、城市轨道交通结构与城市轨道交通能耗水平之间的关系进行深入研究，辅之以工程总承包、全过程咨询、柔性供电技术等技术对能源消耗情况进行动态管控，为城市轨道交通节能效果评估提供支持。

城轨交通绿色低碳技术的分类与应用

城市轨道交通的绿色低碳技术有很多，下面我们从全生命周期，车辆，牵引、辅助与控制系统三个角度切入，对城轨交通的绿色低碳技术进行初步探究。

1. 全生命周期的绿色低碳技术

① 在设计阶段，设计人员要合理规划各个站点及附属建筑，根据当地的地形、水文等自然条件选择合适的建筑形式，尽量减小建筑规模。合理设计车站站台、出入口、隧道、风井等结构，将车站出入口的风压控制在合理水平，提高站内采光系数，以降低机电系统的负荷，将建筑总能耗控制在最低水平。

② 在施工阶段，车站等建筑施工要使用高强度、高性能、耐久性强、

耐腐蚀、抗老化的材料，延长车站建筑的使用寿命，减少建筑维修频率以及各个构件的消耗，从源头上实现节能减排。车站建造可以使用装配式建造技术，使用"临时设施+永久性设施"的模式，合理安排各部件的安装顺序，提高安装效率，尽量减少脚手架等工具的使用。在组织管理方面可以采用工程总承包、全过程咨询等方式，促使设计、生产、施工等环节实现高度协同，通过集约化管理减少各个环节的能源消耗。

③ 在运营维护阶段，运营人员可以采用网格化管理模式，提高运能与运量匹配的精准度，提高运营组织效率，降低列车的空驶率，从而实现节能减排。同时优化列车运行图，以单列车为单位执行节能驾驶策略，对多辆列车进行协同控制等方案，提高列车再生制动能量利用效率，降低牵引能耗。另外积极引入绿色清洁能源，例如分布式光伏电能、地源/空气源热泵、氢能源等，减少对化石能源的消耗，减少二氧化碳等污染气体的排放。

2. 车辆的绿色低碳技术

（1）车辆设计：车辆轻量化技术

车辆轻量化技术就是选择轻量化的材料以降低车体重量，从而降低车辆行驶过程中的能耗与碳排放。一项研究证明，车辆重量每减轻 1t，年耗电量就能减少 8000kW·h，年均碳排放就能减少 6.3t。具体措施如下。

第一，选用轻量化的材料，例如车体可以使用铝合金或碳纤维材料，制动盘和齿轮箱可以使用铝合金材料等。据研究，相较于铸铁材质的齿轮箱，铝合金齿轮箱重量可以减轻 70kg。如果一列 6 节编组的城轨列车全部使用铝合金齿轮箱，整车重量就可以减轻 1120kg。另外，相较于铸铁制动盘，单个铝合金制动盘重量可以减轻 54kg，同样一列 6 节编组的城轨列车如果全部使用铝合金制动盘，整车重量就可以减轻 2592kg。除碳纤维、铝合金外，城轨列车还可以根据需要选用聚碳酸酯、聚甲基丙烯酰亚胺夹芯材料、芳纶蜂窝等材料，也可以达到不同程度的减重效果。

第二，选用功率合适的牵引电机与主逆变器。牵引电机与主逆变器的功率太大，不仅会增加车体的重量，而且会造成资源浪费。工程师们在设计上海地铁11号线北段工程时发现，在保证列车行驶速度37km/h不变的前提下，如果将列车的启动加速度从 $0.5m/s^2$ 降为 $0.4 m/s^2$，将牵引电机的功率从240kW降至200kW，就可以将每台电机的重量减少75kg，而且不会对列车行驶速度造成太大不良影响。

第三，零部件集成化。研发设计车辆时可以将车下高低压箱、制动设备、辅助逆变器等零部件进行集成安装，例如将制动模块与制动风缸进行集成安装、将辅助逆变器与充电机进行集成安装等，以减轻车辆骨架的重量。

（2）车辆运行：全自动驾驶技术/列车在线联挂解编技术

① 全自动驾驶技术：基于互联网、云计算、边缘计算、人工智能等新一代信息技术的自动驾驶技术可以实现多列车的自动调度与控制，合理安排多列车的交会，避免列车在交会过程中频繁地启停；合理安排各班次列车的乘客量，避免某一班次列车的负载过重，从而实现列车的节能运行。此外，全自动驾驶技术还可以根据乘客数量自动切换运行策略。例如在高峰期乘客数量比较多，需要尽快对乘客进行转运时，可以自动选择节时运行策略；如果车站乘客不多，可以自动切换为定时节能优化策略，牺牲部分乘客的时间以减少列车能耗。根据法国地铁公司发布的数据，全自动驾驶列车可以将列车能耗降低大约15%。

② 在线联挂解编技术：城市轨道交通运行呈现出明显的潮汐规律，即上下班两个时段客流量比较大，其余时段客流量比较小。固定编组模式下，在客流量高峰期，列车缩小运营间隔可以在一定程度上满足乘客的出行需求；但在客流量平峰期，即便加大运营间隔也会出现满载率比较低的问题，造成运力资源的浪费。在线联挂解编技术可以根据客流量灵活调

配运力资源，在客流量高峰期组织列车联挂上线以提高运输能力，在客流量平峰期解编列车以减少运力浪费，从而实现节能减排。例如在客流量高峰期将 1 列 6 节编组列车全部投入运营，在客流量平峰期则将其解编为 2 列 3 节编组列车分别投入运营，这种运营方式可以极大地降低列车运营能耗，减少碳排放。

3. 牵引、辅助与控制系统的绿色低碳技术

（1）双向变流技术

双向变流技术全称为双向变流型再生电能吸收利用技术，具有逆变回馈、整流牵引、稳定电压等功能，可以将列车制动时产生的再生制动能量反馈回交流中压电网，与变电所牵引整流机组配合共同为列车提供能量，从而稳定直流电网，减少直流电压纹波，提高牵引供电质量，实现节能减排。双向变流技术的核心部件是双向变流器，可以通过电压闭环的相关控制装置对电压与电流进行动态控制，满足城轨交通运行需求。

（2）新型电力储能装置

城轨列车制动时可以向电网回馈能量，如果电网的吸收能力不强，剩余的能量就会被消耗在制动电阻上，造成能量的浪费以及能量利用效率的下降。如果在供电电网中增加储能装置，对剩余能量进行存储，就可以减少能量浪费，提高能量利用效率。目前，比较典型的电力储能装置有两种类型，一类是以飞轮储能为代表的机械储能装置，另一类是以超级电容为代表的电磁储能装置。近几年，虽然这些装置在城市轨道交通建设领域实现了广泛应用，但在平衡容量、功率、效率、使用寿命及成本等方面仍存在一些不足，无法很好地满足城市轨道交通建设与运营需求。

（3）新型动力电源技术

① 节能型 LED 光源：LED 光源具有光效高、使用寿命长等特点，一个 20W 的 LED 灯具可以代替一个 36W 的荧光灯管，每年可以节约 40

万 kW·h 的电能，节能率超过 41.5%。例如，武汉地铁使用 LED 照明光源取代传统的照明光源，使年均用电量节省超过 80 万 kW·h；深圳地铁 9 号线使用光导照明系统，每天大约可以节省 200kW·h 的电能；洛阳地铁 1 号线车站使用磁悬浮直膨式空调机组，每年节省的电量超过 35 万 kW·h。

② 高压直流变频空调：在城轨交通辅助系统的总能耗中，空调通风系统的能耗占比极大。为了降低空调通风系统的能耗，可以使用高压直流变频空调代替传统的变频空调机组，以降低车体重量，提高能量转换效率，从而实现节能减排。有研究表明，高压直流变频空调的能量转换效率可以达到 94%，比传统变频空调机组高 7%，而且可以将一列 6 节编组的列车的重量减轻 1t 左右。

③ 氢燃料电池：作为"21 世纪最有发展潜力的清洁能源"，氢能源引起了广泛关注，氢燃料电池也被视为交通能源领域未来的发展方向。氢燃料电池利用氢与氧的直接电化学反应发电，将电能转化为动能，驱动列车行驶，整个过程中不排放任何氮氧化合物，可以真正做到零排放。在轨道交通领域，氢燃料电池不仅可以代替传统的内燃动力系统，而且可以降低列车对线路牵引供电系统的依赖，降低线路建设成本，减少对化石能源以及电能的消耗，最大限度地减少碳排放。

绿色低碳城市轨道交通的实现路径

近年来，我国各个城市都在大力推进城市轨道交通建设，但受经济发展水平、管理理念、技术条件等因素的影响，各城市轨道交通的发展水平存在很大差异，普遍面临着以下问题：城市轨道交通管控与评价体系不完善；一些先进的绿色低碳技术落地应用的路径不清晰；现有的运营模式无法实现低碳目标等。所以，在未来几年内，城市轨道交通必然要构建绿色低碳技术体系，实现绿色低碳发展，具体措施如下。

1. 充分发挥各主体的功能

① 政府、城市轨道交通协会、城市轨道国家工程研究中心与城市轨道交通行业的创新企业、业务单位要增进合作、密切交流，积极推动最新的绿色低碳技术落地应用，针对城市轨道交通的绿色发展做好顶层设计，制订合理的发展规划。

② 城市轨道交通运营机构要将绿色低碳发展理念与智慧城市轨道交通建设相结合，不断扩大城市轨道交通线网的覆盖范围，实现网络化运营，优化服务，让城市轨道交通成为居民乘坐公共交通出行的第一选择。

③ 城市轨道交通的相关企业不仅要大力推行节能项目，不断加大在关键技术领域的研发投入，还要与绿色金融、碳交易相结合，通过资金、技术、机制相互作用共同助力城市轨道交通实现绿色低碳发展。

2. 优化用能结构，开发新能源

《交通强国建设纲要》提出，我国要优化交通能源结构，推广应用新能源、清洁能源。在此形势下，我国城轨交通要改变以化石能源为主的能源结构，积极引入光伏能、氢能等新能源，从而减少碳排放。

① 城轨交通要因地制宜利用现有的建筑资源架设太阳能电池板，大力发展分布式光伏发电技术，将光伏电接入城轨交通的供电系统，满足城轨运行的用电需求，并将剩余电量接入城市电网，打造光伏接入牵引供电网试点。

② 城轨交通要积极引入地源热泵、空气源热泵等可再生能源系统，将土壤、空气中蕴含的低位热能转化为可以利用的高位热能，从而减少煤炭、石油、电能等高位能的使用，满足车站制冷、制热对能源的需求，以

达到节能减排的目的。

③ 使用氢能代替化石能源具有很多优点，随着氢能开发利用技术不断发展，城轨交通要积极引入氢能，开发氢能动力系统轨道交通，推进加氢站等基础设施建设，建立相关的用能机制，逐步提高氢能在现有的能源结构中的占比，优化整体用能结构。

3. 推动既有线路进行绿色化改造

① 城轨交通要有计划地淘汰高能耗设备与系统，或者以成熟的绿色低碳技术与设备为基础，对各种先进的绿色低碳技术进行集成应用，开展集成创新，推动原有的设备与系统实现绿色升级，例如使用 LED 灯替换白炽灯、用二氧化碳制冷剂替换氟利昂、用热泵技术取代电加热等，从各个环节降低城轨交通的能耗，实现节能减排。

② 调整列车运行线网。随着城市快速发展，我国很多城市早期建设的城轨交通的路线设计显得不太合理，乘客中转换乘时间长，列车进出站的能耗高等。为了解决这些问题，我国要对老旧的城轨交通线路进行改造与调整，重新规划中转换乘路线，缩短乘客中转换乘时间，重新调整节能坡设计，降低列车进出站的能耗。

4. 推进协同创新，拓展创新的广度与深度

① 城市轨道交通的智慧升级要与绿色低碳发展理念相结合，让绿色低碳发展理念贯穿智慧城市轨道交通建设全过程，推动城市轨道交通实现智能化、绿色化发展。

② 创建城市轨道交通创新平台，探索创新技术成果落地转化方案，创建城市轨道交通绿色低碳自主创新技术转移机制，从外部引入最新的绿色低碳技术，并在行业内实现转化应用，为城市轨道交通绿色低碳发展提供强有力的支持与助力。

随着"双碳"目标的提出，城市轨道交通面临艰巨的碳减排任务。碳减排的实现需要城市轨道交通规划、建设、运营、维保等环节以及产业链上下游实现绿色、低碳发展，这既是挑战，也是机遇。

为了实现碳减排目标，城市轨道交通行业要立足于现状，面向未来，统筹全局，做好顶层设计，全面践行绿色低碳发展理念，结合本行业的特点与实际情况制定碳达峰、碳中和目标，坚持自主创新，不断增加在关键技术领域的研发投入，加强产业链上下游协同，将智慧城市轨道交通技术全面融入城市轨道交通的绿色低碳业务，不断增强碳减排能力，为"双碳"目标的实现提供支持与助力。

第二部分 | 智能交通

第 4 章
智能交通：城市交通的智慧大脑

智能交通：让城市生活更美好

近几年，我国城市化进程越来越快，机动车数量持续增长，城市道路交通运输压力越来越大，各种交通问题相继涌现。例如交通拥堵影响市民的出行体验，交通事故发生率持续升高，大量汽车尾气排放加重城市空气污染等。这些问题的出现给经济的稳定可持续发展造成了不良影响。

智能交通的出现和发展给上述交通问题提供了有效的解决方案。智能交通不仅可以保障交通安全，减少交通事故的发生频率，缓解交通拥堵问题，还能提升道路交通系统的运营效率，节约汽车能源，减少汽车尾气排放，防治空气污染。基于上述原因，我国要进一步深化现有的交通体系改革，推动智能交通建设与发展。

1. 智能交通的应用价值与优势

日渐加快的城市化进程、不断增加的汽车保有量、持续加大的交通运营压力诱发了一系列城市交通问题。在政府的推动下，随着信息技术不断发展，城市智能交通建设项目越来越多，智能交通行业进入快速发展阶段。

近年来，在城市智能交通系统中，交通执法与稽查方面的设备设施的复合增长率远远超出了市场整体水平。但这些设备主要为交通管理者、执法者服务，为了更好地疏导交通、缓解交通拥堵、保证交通安全，城市交通系统还需要进一步提升自身的数据化、信息化水平，这也进一步加大了交通数据采集设备、存储与分析设备、交通诱导设备、各类分析软件的需求。

以交通数据采集设备为例，这类设备包括车型识别仪、车牌识别仪、车流量检测器等，能对车流量、车队长度、车头距等数据进行实时采集与传输，对设备获取的数据进行分析之后会利用分布式存储、分析、运算根据当前的路况信息制定交通疏导方案。为了满足市场需求，我国交通数据采集设备的种类与数量都需要不断增加。

智能停车场管理系统是一种现代化的管理系统，由计算机、网络设备、车道管理设备构成，主要用于收取停车费、对场内车流进行引导、对车辆出入进行管理，是停车场的必备系统。引入智能停车场管理系统之后，停车流程可以得到有效优化，收费人员的工作效率可以有效提升，还能实时获取停车数据，为收费人员监管工作的开展提供方便。另外，借助移动互联网，停车场资源可以实现共享，停车场利用率可以得到大幅提升。

2. 案例实践：基于百度地图的智能交通管理

百度地图凭借地图大数据、人工智能等方面的优势，与国内交通管理部门开展智慧交通领域的合作，例如与成都交警、交投集团合作创建"互联网+交通拥堵治理"新模式。

（1）为公众出行提供个性化信息服务

百度地图丰富了成都市的交通基础数据，对智慧避堵策略进行了优化，不仅可以向司机提供主干道、环路、快速路等优选避堵路线，还与成都市的地形相结合，在早晚高峰为司机提供中小街道绕行路线。百度地图精准的路况分析，辅之以交警"以静制动"的交通管理模式，再加上群众实时反馈的路况，司机可以充分利用中小街道绕开拥堵路段，减少时间成本，使整个路网的运行效率大幅提升。

（2）为交通管理决策提供大数据支持

借助大数据技术，百度地图可以对成都市公众通勤、交通拥堵、人群流动的特点进行分析，创建交通模型，为交通管理部门的智能交通管理与决策提供有效支持，与广大市民联合共建智能交通管理体系。

（3）提升成都交通管理评价信息化水平

借助交通大数据分析技术，百度地图辅助交管部门创建城市道路交通模型，展示道路交通的总体状况，对路网承载能力进行科学判断，对交通拥堵情况进行有效分析，辅助成都交警进行交通管理，对整个城市的交通运行态势进行有效掌控，消除交通拥堵瓶颈，切实提升交通管理的精细化水平。

（4）精准制定交通瓶颈节点治理方案

百度地图利用大数据分析、深度学习、人工智能等技术对海量交通数据进行处理，从中提取成都道路交通特性、交通参与者的特征，以这些特点为依托，与道路交通的实际管控水平相结合，创建城市路网运行指数评价体系，制定科学的交通管理政策，对交通改善措施进行合理安排，推动公众交通出行方式逐步改善。

3. 我国智能交通建设的发展趋势

交通运输部借鉴欧美发达国家智能交通系统的发展经验，与我国实际发展情况相结合，构建了智能交通体系的基本框架与标准化体系，对我国智能交通系统的建设与发展产生了积极的引导作用。

近来，交通运输部根据智能交通的发展形势，不断完善智能交通的标准化体系，将智能交通领域的通信应用技术、车路和车车合作技术、移动互联交通应用技术以及交通信息安全管理的内容纳入国家标准体系，为自动驾驶和车路协同发展提供标准支撑。其中，车路和车车通信国家标准的制定由交通运输部与工信部共同负责，并且发布了多项标准，根据我国的实际发展情况创造了很多新技术、新应用，取得了突出成就。未来，我国智能交通系统领域的主要工作会转变为与实际国情相结合，对新技术发展动态进行追踪，对我国智能交通系统的技术框架进行完善。

人工智能、云计算、机器学习、大数据等新一代信息技术的迅猛发展及其在智能交通领域的广泛应用，能进一步促使智能交通系统为社会大众提供更加准确、智能、精细、完善的服务，推动交通产业生态圈实现跨界融合。未来，汽车制造、互联网信息服务、交通运营服务、智能交通等行业必将实现融合发展。

将来，智能交通系统不仅可以解决交通拥堵问题，保障交通安全，还能提升交通运行效率，优化交通服务，实现节能减排与环境保护，促使基础设施实现智能化。除此之外，智能交通系统还能建设智能交通技术协同创新体系，将市场机制、行业协会、产业联盟的作用充分发挥出来，借助行业技术标准、知识产权保护推动智能交通市场实现有序发展，构建智能交通产业链，创建有利于智能交通产业健康发展的生态环境。

我国智能交通产业的演变与发展

近年来，我国交通智能化水平有了大幅提升，与互联网的融合速度越来越快，已经成为智慧城市建设的重要领域。在城市交通智能管理方面，我国创造了智能化的交通管理系统，该系统集成了多种功能，例如交通信息采集与处理、交通信息服务、交通信号控制、交通应急管理、交通指挥与调度等，并且得到了广泛应用。

早在 20 世纪 70 年代，我国就已经开始了对 ITS（Intelligent Transport System，智能交通系统）的研究，研究地集中在上海、广州、北京等大城市，研究内容主要是大城市交通信号控制。80 年代后期，智能交通系统的研究内容转向道路交通管理的优化、交通信号的采集、车辆动态识别、驾驶员考试系统等。

20 世纪 90 年代，我国开始建设交通控制中心或交通指挥中心，并就驾驶员信号系统、城市交通管理的诱导技术展开了研究。智能交通系统首次进入国家"九五"科技攻关项目，主要研究内容为"国家智能运输体系框架""国家智能运输系统标准"等。2002 年，我国成立全国智能运输协调指导小组及办公室，发布了《中国智能运输系统体系框架》。

在"十五"期间，北京、上海、广州等城市开始对 ITS 的关键技术进行研究，开发关键产品，进行示范应用，对 ITS 建设起到了积极的推动作用。从 2001 年开始，国家"十五"科技攻关项目正式启动，以 ITS 关键技术开发和示范工程为标志，我国 ITS 研究与应用进入发展阶段。

"十一五"期间，我国多个城市开始规划建设 ITS，ITS 建设项目遍地开花。针对那些重大智能交通技术应用示范工程，国家科技支撑计划予以立项支持。从某个方面来讲，正是智能交通领域的这些研究与实践吸引了交通运输电子信息通信等领域的企业参与 ITS 建设，构建了一支专门用于推进 ITS 发展和产业化的人才队伍。

"十二五"期间，为了进一步推进 ITS 研究与建设，国家颁发了很多支持计划，"国家智能交通综合技术集成与应用示范""重特大道路交通事故综合预防与处置集成技术开发与示范应用"就是其中的重点计划。

"十三五"期间，国家对社会资本参与智能交通的态度日渐明朗，同时随着"互联网+"上升为国家战略，互联网技术、思维模式等逐步渗透到交通行业的各大领域。2016 年 7 月，国家发改委、交通运输部联合印发《推进"互联网+"便捷交通 促进智能交通发展的实施方案》，明确了推进"互联网+"便捷交通、发展智能交通的意义，并就智能交通建设做出了明确规划。

2017年2月，国务院印发《"十三五"现代综合交通运输体系发展规划》（以下简称《规划》），详细阐述了"十三五"智能交通发展任务和目标，标志着智能交通发展迈上了新台阶。《规划》提出了一系列值得关注的亮点，例如将智能化列入国家交通运输发展的指导思想，并在发展的基本原则中提出了"以智能化带动交通运输现代化"；在发展目标中将智能化技术应用作为国家提出的五项目标之一，在主要指标中将智能交通与基础设施和运输服务并列，并给出了具体的考核指标；在具体规划任务中，将"提升交通发展智能化水平"作为一项单独的任务进行了全面安排。

"十四五"时期是我国部署交通建设的重要时期，是交通强国建设布局的关键阶段。2022年3月，交通运输部、科学技术部联合发布的《"十四五"交通领域科技创新规划》提出要推动智能交通与智慧城市协同发展，大力发展智能交通，推动云计算、大数据、物联网、移动互联网、区块链、人工智能等新一代信息技术与交通运输相融合，加快北斗导航技术应用，创建智能交通先导应用试点。

我国大力发展智能交通，不仅迎合了我国交通运输行业的实际发展需求，而且顺应了新一代信息技术的发展趋势，对交通运输供给侧结构性改革产生了积极的推动作用，具有十分重要的战略意义。

智能交通系统的主要构成

快速发展的人工智能、5G、云计算、边缘计算等新一代信息技术为智能交通系统的构建奠定了良好的基础。智能交通系统的"智能"主要体现在两个方面：一是更加友好、更加人性化的人机界面；二是智能化的交通管理、经营和控制方案。作为一个复杂的综合性系统，智能交通系统由以下几个子系统构成。

1. 先进交通信息系统

先进交通信息系统（Advanced Traffic Information System，ATIS）由两部分构成，一是公路信息资源整合系统，二是客运站场管理信息系统，通过终端显示装置为出行者提供出行信息服务。这里所说的"终端显示装置"包括互联网、呼叫中心、智能手机、平板电脑、交通广播、路侧广播、图文电视、车载终端、可变情报板、警示标志、车载滚动显示屏、分布在公共场所内的大屏幕和触摸屏等。

由于出行方式不同，先进交通信息系统为出行者提供的信息也不同。如果是驾车出行者，系统会为其提供路况、突发事件、施工、气象、环境等信息；如果是公共交通出行者，系统会为其提供票务、营运、站务、转乘等信息。出行者可以根据收到的信息安排出行计划，制定最便捷、最安全的出行路线。

2. 先进交通管理系统

先进交通管理系统（Advanced Traffic Management System，ATMS）的功能主要是信息采集、传输和处理，服务对象主要是交通管理者，作用是对道路交通进行监管，为车辆、驾驶员、道路提供通信服务。ATMS可以对道路运行情况（交通状况、气象状况、交通环境）进行实时监测，及时发现交通事故，利用车辆检测技术、计算机信息处理技术获取交通信息，根据这些信息对交通进行有效管控，例如调节信号灯、进行道路管制、处理交通事故等。

3. 先进公共交通系统

先进公共交通系统（Advanced Public Transportation System，APTS）利用各种智能技术助力公共运输业发展，为公交系统的运行构建一个良好的环境，促使其实现安全运行、便捷运行、经济运行，提升整个公交系统的运输量。例如，先进公共交通系统会利用计算机、闭路电视为公众提供咨询服务，满足公众查询出行方式、出行路线和选择车次的需求；通过显示器向候车乘客提供车辆运行信息。另外，公交车辆管理中心可以借助该系统合理安排发车、收车计划，大幅提升工作效率与服务质量。

4. 先进车辆控制及安全系统

先进车辆控制及安全系统（Advanced Vehicle Control and Safety Systems，AVCSS）可以开发各种辅助驾驶员控制车辆的技术，保证汽车实现安全运行、高效运行。AVCSS 可以为驾驶员提供各种安保措施，提高驾驶员在行车过程中对周围环境的感应能力与控制能力。一般来说，AVCSS 可以分为两个层次，如表 4-1 所示。

表 4-1　AVCSS 的两个层次

层次	主要功能
车辆辅助安全驾驶系统	该系统由车载传感器、车载计算机、控制执行系统组成。在行车过程中，车载传感器可以对周围车辆、道路设施、周边环境进行测量，将测量信息实时传输至车载计算机，由车载计算机进行计算，在紧急情况下为驾驶员提供安全防护
车辆自动驾驶系统	该系统由各类传感器、计算单元、线控执行设备构成。在行车过程中，该系统可以为车辆提供自动导向、检测服务，指引车辆自动规避障碍物。在智能交通环境下，该系统还可以与周围环境开展有效沟通，让车辆实现自动驾驶

5. 商用车辆运营系统

商用车辆运营系统（Commercial Vehicle Operations，CVO）是一种智

能化的物流管理系统,建立在高速道路网和信息管理系统的基础上,通过对卫星定位、地理信息系统、物流信息及网络技术的综合利用组织开展货物运输,不断提升货物的运输效率。

6. 电子收费系统

目前,电子收费系统(Electronic Toll Collection,ETC)是最先进的路桥收费方式,其工作原理是:当车辆经过ETC车道时,车辆安装的车载器与车道上的微波天线进行短程通信,利用计算机技术与银行后台对接结算,不用停车就能缴纳路桥费。银行收到路桥费之后会将其分发给相关业主。应用电子收费系统之后,道路系统的通行能力可以提升3～5倍。

7. 紧急救援系统

紧急救援系统(Emergency Management System,EMS)主要由公共出行信息系统、交通管理系统和相关的救援设备构成。该系统利用公共出行信息系统和交通管理系统将交通监控中心与职业救援机构相连,为交通参与者提供紧急医疗救助、事故车辆排查、拖车等服务。

智能交通系统的关键技术体系

随着生活水平不断提高,人民对美好生活的需求不断增长,交通供求关系不平衡的矛盾日益尖锐。而道路基础设施和城市空间资源的有限性,决定了仅仅依靠新建交通基础设施提高供给能力难以解决当前面临的严峻交通问题。智能交通技术的应用能有效提高现有交通基础设施的使用效率和服务水平,在解决城市交通问题中发挥着重要作用。

具体来看,智能交通系统主要包括以下关键技术。

1. 城市智能交通控制技术

交通控制主要是利用计算机管理的交通控制设施对交通流进行组织优化，通过调节、诱导、分流达到保障交通安全与畅通的目的，可以根据磁感线圈、视频、微波等采集的数据计算交叉路口的实时交通流量，确定信号优化配时方案。

2. 交通分析研判技术

交通信息分析研判是通过对各类交通数据信息的采集、整理、融合、挖掘和分析，为交通部门提供决策辅助和支持，达到分析精准、效率提升、决策科学、管理精细的目的。传统的交通信息分析研判主要是在交通流、交通事故等结构化数据的基础上开展纵向、横向分析，找出变化规律和发展趋势，为交通部门的决策提供辅助，研判分析的准确性、精准性不高。

基于大数据的分析研判可以利用大量非结构化数据，辅之以大数据分析技术，可以实现跨区域、跨部门、跨行业的信息共享和深度挖掘应用，完成对交通运行、安全、监管、资源优化配置等整体态势的评估分析与预警，研判分析的准确性有了大幅提升。

3. 车路协同技术

车路协同系统是基于先进的传感和无线通信等技术，实现车辆和道路基础设施之间以及车车之间的智能协同与配合，从而保障复杂交通环境下车辆的行驶安全、实现道路交通主动控制、提高路网运行效率的新一代智能道路交通系统。

在技术方面，车路协同主要包含 3 类技术：车车/车路通信技术、交通安全技术、交通控制技术。在通信技术方面，应用于车路协同的

3G/4G、DSRC（Dedicated Short Range Communication，专用短程通信）、Wi-Fi 等技术均已有相应的理论与模型。在交通安全技术方面，视野盲区警告、辅助换道、紧急避撞等技术已经实现了落地应用。

4. 视频识别技术

视频识别技术是使用计算机对视频进行分析，从中提取有益于决策判断的信息的技术。视频识别技术利用特定算法提炼视频信号中所包含的内容信息或特定目标物体的运动信息，辅助计算机实现对视频的智能理解，使计算机在一定程度上替代人工作。

车牌号识别技术作为计算机视频图像识别技术在车辆牌照识别中的一种成熟应用，能在 1 秒内识别出车牌号码，精确度达 99%。在计算机识别技术中，人脸识别已经广泛运用于安防与电子支付领域，功能比较先进的人脸识别系统一般包括布控、人脸搜索、人脸比对、人脸库及系统管理 5 大核心功能，精确度已经高于 95%，未来有可能提升到 99.7%。

5. 城市交通大脑技术

城市交通大脑是在大数据、云计算、人工智能等新一代信息和智能技术快速发展的背景下，通过类人大脑的感知、认知、协调、学习、控制、决策、反馈、创新创造等综合智能，对城市及城市交通信息进行全面获取、深度分析、综合研判，实现智能生成对策方案、精准决策、循环优化，以便更好地实现对城市交通的治理和服务，破解城市交通面临的各种问题，并为公众提供系统的综合服务的城市智能交通系统的核心中枢。

智能交通是提高交通运输系统效率、服务品质、安全水平，实现环保节能的关键，是建设交通强国、实现中国交通世界领先目标的重要抓手。为实现交通强国的战略，我国必须专注于智能交通技术的发展，提高交通系统的智能化水平。

未来智能交通发展的重点将是构建城市交通大数据共享平台、打造先进实用的城市"交通大脑"、构建世界领先的城市智能交通系统、提高车路协同水平、提升客货运输服务的智能化水平、实现综合运输的智能化、借助高度智能化解决交通拥堵问题、提高交通系统的安全水平、大力发展绿色交通。

第 5 章
5G 赋能：重塑智能交通管理模式

智能出行：5G 让出行更安全高效

虽然在政府部门的支持下，在行业、企业的共同努力下，智能交通取得了一定的进展，但仍存在很多问题，具体表现为监控视频画质差、卡顿严重，监控范围有限、盲区多，监控画面传输规模小、时效性差，监控视频多存储于本地设备、存储容量有限，监控数据易损坏或丢失等。

这些问题严重阻碍了智能交通的发展。一方面，交通管制中心难以实时、准确、全面地掌握交通运行情况，也无法及时察觉交通安全隐患，更无法提前做出安全预警，在发生交通事故后也不能在第一时间做出急救和疏散措施，从而影响交通运行；另一方面，驾驶人员不能接受到准确的信号提醒，存在安全隐患，特别是对大型半挂车而言，其盲区较多，单凭驾驶员肉眼观察很难全面察觉周围的车辆和行人，安全隐患更为严重。此外，由于车载监控数据多存储于本地，车辆出现交通事故后数据容易损坏，不利于后期的取证和破案。

在 5G 时代，大数据、人工智能、云计算、边缘计算等技术得到了迅猛发展，为智能交通的发展提供了坚实的技术基础。同时，各类电子设备的性能也实现了质的飞跃，这将带来性能更优越、功能更强大的车载传感器、车载监控设备、交通设施等。此外，5G网络具备低时延、高速率、高带宽、大连接的优势，能够支持海量信息的快速传输。

5G赋能智能交通可以完美地解决4G网络下交通领域存在的诸多问题。在具体实践中，车载监控设备可以实时记录超高清的监控画面，车载智能传感器可以精准、动态地感知车辆内部信息（发动机状态、轮胎情况、车速等）和车辆周围的环境信息（包括路况、车辆、行人等），并且这些监控画面和传感器捕捉到的信息可以依托5G网络快速、准确、实时地传输至交通管制中心，并同时传输至云端进行备份。交通管制中心借助大数据、云计算等技术对所有信息进行融合分析，一方面可以实时掌握驾驶员、乘客及车辆的状态，有效防止疲劳驾驶、酒驾等现象，另一方面可以实时、精准地掌握道路运行状况，准确洞察安全隐患并通过远程设备进行预警，将交通事故管理从事故后处理转变为事故前预警，减少交通事故发生，推动交通行业向更安全、更高效、更智能的方向发展。

此外，随着全球经济快速增长，人们的出行方式不再局限于陆地交通，飞机基于其超高的运行速度和安全性成为人们出行的重要方式。现阶段，我国民航业发展较为成熟，但机场的智能化程度比较低。人们在选择飞机出行时，需要经过值机、托运、预安检、安检、登机等一系列流程，且大多数流程需要人工执行，不仅耗费大量的人力，也耗费乘客大量的时间，降低其出行体验。

5G时代的到来，为创建智能机场、提升人们的飞机出行体验提供了条件。5G赋能机场，可以创建智能服务平台，将乘客从值机到落地的全流程纳入平台，同时为乘客和机场工作人员、乘务员等提供不同的登录界面。乘客可以通过智能手机自助地进行身份验证、取票、候机、收取登机和降落提醒等，享受一站式飞行服务，提升出行体验；机场工作人员和乘务员可以通过平台发布信息，也可以及时响应乘客的需求。此外，航空公司可以在飞机和机场部署智能传感器、超高清摄像机等设备，实时获取飞机的飞行状态和机场情况，让机场人员实时获取飞机的降落需求并提前做好接机准备，让机长实时获取风险信息，及时调整飞行方案，保障飞行安全。

智能运输：新一代物流科技的应用

5G时代的到来，不仅为交通出行和道路管理提供了便利，而且为物流行业带来了发展机遇。现阶段，大数据、物联网、人工智能、AR（Augmented Reality，增强现实）、VR（Virtual Reality，虚拟现实）等技术快速发展，这些技术应用于物流运输领域，可以实现仓储、运输、配送等环节的智能化变革，提升物流行业各个流程的效率，并且可以有效保证货物安全。

通常，物流运输企业负责运输的货物包括普通货物以及食品、医药、危化品等特殊货物，这些特殊货物对运送流程及运送车辆的要求极高，运送流程通常包括普通道路运输和港口内货物转移。

1. 普通道路运输

在普通道路运输方面，物流车辆通常需要跨越较长的距离运送货物，这意味着货物在运送过程中会面临一定的风险，因此，对物流车辆行驶全流程进行实时监管极为重要。传统车辆监管通常需要借助低性能的传感器和监控设备，大致记录车辆的行驶信息，当货物遭受风险或车辆发生意外时，这些信息不能及时传输到交通管制中心，或者信息会因为本地存储而被损毁，无法为事故追溯提供有效的信息支持。

在5G时代，物流车辆可以部署多个车载智能传感器和车载监控设备，实时、全面地采集车辆行驶信息，并将这些信息通过5G网络实时、快速地传输至交通管制中心、物流管理中心及云平台，让各中心的数据分析平台准确分析数据，既可以预防运输风险，实时警示驾驶员，也可以在事故后快速补救。

2. 港口内货物转移

港口内货物转移常用的运送工具有龙门吊机、集装箱卡车等。港口货物流转工作的监管通常需要借助视频监控来实现，但现阶段的监控视频信息一般通过光纤网络、Wi-Fi 等通信方式进行传输，而这些通信方式通常延迟比较高、传输速率比较慢、稳定性比较差，且部署和维护的难度比较大，不利于货物监管。

在传统港口中，一般需要人工操控龙门吊机来搬运货物，工作强度大且效率低，对工作人员体力的要求也比较高。要想实现龙门吊机的远程操控，只能通过光纤网络或工业 Wi-Fi 来完成，但光纤网络部署不灵活、管理难度大、采购和维护的成本比较高，而 Wi-Fi 传输距离短、带宽低、速率慢，不能满足远程操控的要求。

5G 时代的到来为龙门吊机远程操控提供了可能。通过在龙门吊机上部署智能传感器和高清摄像机，借助 5G 网络与中控室进行实时、动态互联，工作人员可以同时观察和操控多台龙门吊机，实现对龙门吊机的远程操控，大幅提升工作效率和精准度，降低设备购置成本。

货物从港口前沿运送到堆场需要借助集装箱卡车来实现，目前，集装箱卡车主要有 AGV（Automated Guided Vehicle，自动导引运输车）和跨运车两种类型。其中 AGV 依靠磁钉运行，可靠性高，但磁钉不易扩展，而且对安装环境的要求极高。跨运车类似于龙门吊机，工作强度比较大。再加上港口环境比较复杂且变化比较快、路线混乱，监管难度大，监管效率低。5G 时代的到来为解决这些问题，实现货物高效流转和监管提供了有效的解决方案。通过在 AGV 和跨运车上部署高清摄像机和智能传感器，可以全方位感知和采集车辆周围的环境信息，工作人员可以借助大数据技术对采集到的信息进行分析，实现对车辆的实时监测和远程操控，实现人、车、货物之间的实时交互，促使货物流转和监管实现自动化、智能化。

智能运维：城市道路维护管理新路径

随着城镇化水平不断提升，城市道路规模越来越大，道路类型日益复杂，道路的使用率逐渐升高，对维护管理工作的要求越来越高。一般而言，城市道路维护管理的对象主要包括城区主干道、桥梁、隧道、高架等。

传统的城市道路维护管理通常需要巡检车辆进行日常巡检，每辆巡检车都要在所负责的区域进行一日两检，每次巡检时长在30分钟左右，巡检方式主要是巡检人员肉眼观察桥路的情况，发现路面或桥面出现损坏（如裂缝）时，需要手动测量损坏的长度，并拍照发送给维护人员；维护人员根据经验判断修补需要的材料数量，并向上级报备；上级审核批准后下发材料和资金，由维护人员进行修补工作。整个过程流程复杂，效率低下，而且容易出现评估不准确的情况。

此外，巡检过程中的路面数据通常需要巡检人员手动保存至中心存储服务器，但这些数据在保存后几乎不会再被启动使用，也无法发挥出应有的价值。

在5G时代，城市道路维护管理工作将变得高质、高效、智能。城市道路运维部门可以在巡检车辆上安装高清视频监控设备，让这些设备与道路监管中心远程互联。在巡检过程中，这些设备会全面采集路面信息，并将采集到的信息实时传输给监管中心。监管中心的工作人员会通过各种数据算法确定路面损毁程度，制定合理的修补方案，提升道路维护管理效率。此外，监管中心也可以通过机器学习技术、模式识别技术等对相关案例进行研究学习，最终实现对道路状况的自主判断，并自动制定解决方案，实现城市道路自动化、智能化管理。

在 5G 时代，网络性能实现了跨越式升级，各类信息技术取得了重大突破，5G 赋能交通领域将带动交通行业实现质的飞跃，"5G+ 智慧交通"将成为新时代交通行业发展的新模式。

"5G+ 智慧交通"可以实现业务的全域覆盖，全面提升人们的出行体验，提升人们出行的幸福感，同时可以实现智能化管理，为智慧城市建设乃至数字中国建设奠定坚实的基础。未来，"5G+ 智慧交通"将在新一代信息技术的加持下全面落地。

5G 边缘计算驱动智能交通变革

在云计算发展初期，人们设想的模式是所有数据都要上传至云端进行处理，处理之后再回传至终端执行。在这种模式下，终端的价值大幅下降。但在现实生活中，很多应用场景对网络传输时延要求比较高。如果将所有数据上传至云端进行处理，必然会使数据处理效率大幅下降。如在自动驾驶场景中，数据传输、处理过程产生的时延可能会诱发交通事故，造成巨大的损失。

5G 与边缘计算相结合可以很好地解决上述问题。边缘计算指的是在靠近物或数据源头的一侧，采用集网络、计算、存储、应用核心能力于一体的开放平台，就近提供服务。在边缘计算的支持下，边缘侧可以自主响应需求，提高网络服务的响应速度，满足实时业务、安全与隐私保护、应用智能等方面的需求。

借助 5G 低时延的特点，未来智能交通系统的各个交通节点可以对人、车、路等交通要素进行全面感知，更好地保障交通安全，优化人们的出行体验。同时，在5G技术的支持下，车辆与外界的通信方式变得愈发丰富，逐渐形成了"云管端"一体化的通信、监管、决策网络以及新型交通架构，可以帮助智能交通拓展新的应用场景，从封闭路段、特定路段的自动驾驶或者远程驾驶转变为开放路段的自动驾驶，甚至可以实现整个交通系统的智能化管控。

作为一个系统工程，智能交通的落地不仅需要城市道路做出相应的调整，还需要一套软硬件技术过硬、稳定可靠的系统提供支持与保障。据麦肯锡发布的咨询研究报告，交通运输行业是5G边缘计算应用最广泛的行业。

1. 5G边缘计算在智能交通方面的应用

随着城市交通数据量不断增长，用户对交通信息的实时性需求不断提高。自动驾驶车辆在行驶过程中，如果将所有数据传输至云计算中心进行处理，会导致一部分带宽资源被浪费，出现网络延时等问题。但如果将一部分数据传输至边缘服务器进行处理，就可以解决上述问题，辅助自动驾驶车辆对路面状况做出实时反应。

在交通运输领域，5G边缘计算的应用主要体现在两个方面，一是交通运输，二是设施管理，而这两大应用全部建立在地理位置的基础之上。在位置识别技术领域，边缘计算可以实时收集地理位置数据，并对数据进行实时处理，无须将数据传输至云计算中心。

此外，在城市视频监控系统领域，以边缘计算模型为基础，结合视频监控技术，可以搭建一个新型视频监控软硬件服务平台，赋予视频监控系统前端摄像头强大的智能处理能力，建立健全预警系统与处置机制。

从某种意义上来讲，云计算就是智能设备的"大脑"，可以处理复杂的进程；边缘计算就是智能设备的"神经末梢"，可以做出一些下意识的反应，满足自动驾驶对实时性的要求。

2. 5G边缘计算在车路协同领域的应用

5G边缘计算在车路协同领域的典型应用就是智能汽车，可以对各类数据进行实时处理，无须将数据传输到云端，极大地缩短了数据传输时延。例如，一辆自动驾驶汽车在行驶过程中遇到突发状况，需要紧急停车，如果此时还需要将数据上传至云端进行处理，由云端做出决策再回传至车载终端，可能会因为传输延迟诱发交通事故。另外，假设自动驾驶汽车在行驶过程中遇到信号干扰，或者进入无信号区域，无法将数据上传至云端进行处理，很有可能发生危险。但加入边缘计算之后，自动驾驶汽车可以及时做出一些"下意识"的反应，保证车辆行驶安全。

除此之外，智能交通的应用场景会不断拓展，会逐渐从单一场景的交通管理转向融合场景的交通服务。在V2X（vehicle to everything，车对外界的信息交换）技术的支持下，智能驾驶可以实现很多功能，包括限速预警、恶劣天气预警、并道提示、路口调度等，智能驾驶将变得更安全、更高效、更经济、更便捷。V2X技术有很多，主要包括感知技术、定位技术和高清制图技术。在这些技术的支持下，边缘计算在车路协同领域的应用空间将不断拓展。

3. 5G边缘计算在智慧停车领域的应用

边缘计算在智慧停车领域的应用主要集中在两个方面，一是停车控制系统，二是车联网，对停车位数量以及路面交通规划有着直接影响。在新基建的众多项目中，智慧停车是一个重点项目。在边缘计算的支持下，智慧停车管理方式将不断与科技、商业相融合，变得更加成熟、完善。

静态交通大数据与动态交通大数据一样也在不断增长，给云存储与类似服务提出了一定的挑战。智慧停车项目的推进不能只依靠云计算模型，而是需要多种计算模式相融合。引入边缘计算之后可以在数据源附近完成计算工作，在计算模型的边缘解决实际需求。在智慧停车领域，边缘计算的优势有很多，例如可以处理海量数据，可以实时获取车辆位置，降低数据传输时延等。

目前，我国边缘计算市场刚刚起步，技术发展潜力巨大，行业参与者正在积极布局抢占市场，各厂商、科研机构也正在全力推进标准与制度建设，虽然还没有达成共识，但国内外已经形成了多个产业联盟，对边缘计算技术的发展、边缘计算标准的形成产生了积极的推动作用。但在自动驾驶领域，边缘计算设备生产标准的统一需要行业领军企业牵头实现。

总而言之，边缘计算在一定程度上提高了智慧交通的安全水平。相信未来在边缘计算的支持下，智慧交通将在更多技术领域取得重大突破，带给人们全新的交通体验。

第 6 章
典型案例：全球智能交通系统建设

美国：洛杉矶 ATSAC 系统的应用

洛杉矶 ATSAC（Automated Traffic Surveillance and Control，自动交通监测和控制中心）建设之初只服务于 1984 年在当地举办的奥运会主会场，也就是洛杉矶纪念体育场周边地区。奥运会闭幕后，其服务范围不断扩大，最终辐射整个市区。

根据洛杉矶官方公布的数据，洛杉矶市安装了信号灯的交叉口共计 4285 个，其中 ATSAC 管理的安装信号灯的交叉口 2449 个，占比为 57%，还有 286 个安装了信号灯的交叉口的 ATSAC 项目正在施工阶段，不久后也将由 ATSAC 管理。通过 ATSAC，交通管理部门可以利用计算机交通控制系统对洛杉矶市的交通路况进行实时监测，并发布交通管制信息。

在 ATSAC 管理模式下，道路上铺设的大量感应圈，能够对行驶在路面上的车辆车速、车流量等数据进行监测，并将数据上传到数据库。此外，洛杉矶市还有约 150 个闭路电视摄像机，可以搜集到大量道路图像及视频数据。

ATSAC 维护与管理团队可以通过开发各类软件对 ATSAC 进行扩展，使其不仅能够管理私家车、货车、公交车，还能管理轻轨、火车等。建立自适应车流控制系统是 ATSAC 维护与管理团队正在开发的一项新兴技术，这项技术可以结合道路的车流量对信号灯启亮时间进行调整，大幅度提高道路通行效率与质量。

公交优先是世界公认的缓解交通压力的有效手段，而发展公交优先，需要有公共汽车信号优先技术提供支持。洛杉矶市采用的公共汽车信号优先技术是基于ITS技术开发而来的，可以提高公共汽车行车速度，提高其运行效率及准时性。确保公共汽车和交叉口信号机能够进行无线通信，是实现公交优先的关键所在。

洛杉矶市实现公共汽车信号优先的具体方法为：晚点公共汽车在即将达到交叉口时，信号灯的绿灯将会被启亮，同时根据公共汽车数量动态调整绿灯启亮时间，确保其能够快速通行，准点的公共汽车则无法享受信号优先服务，整个过程被分为以下四个步骤，如表6-1所示。

表6-1 洛杉矶市公共汽车信号优先的四大步骤

步骤	具体策略
步骤一	公共汽车处理器明确公共汽车将要到达的地点，结合公共汽车路线信息判断其是否晚点，从而判断在交叉口是否要实施信号优先
步骤二	公共汽车处理器向交叉口信号机发出信号优先申请
步骤三	交叉口信号机决定是否为公共汽车提供信号优先服务，这要受到多种因素的影响，例如交叉口交通状况、是否有公共交通规划管理人员现场指挥交通等
步骤四	结合公共汽车与交叉口的距离、公共汽车行驶速度等信息，信号机将会对红绿灯启亮时间进行动态调整，确保晚点公共汽车通过交叉口时，信号灯处于绿灯状态

瑞典：斯德哥尔摩智慧公路交通

瑞典首都斯德哥尔摩堪称全球智能交通城市的典型代表。得益于当地通过发展智能交通在绿色环保方面取得的显著成果，欧盟委员会于2010年将斯德哥尔摩评为首个"欧洲绿色首都"。

斯德哥尔摩的智慧交通系统包括交通信息采集整合系统、综合交通信息管理中心、隧道智能交通信息系统、流量管理系统、手机短信交通信息实时发布系统、多式联运路线规划系统、绿色驾驶智慧速度适应系统、行车速度与车流量控制系统、智能公路交通系统。其中，智能公路交通系统又细分为公交优先系统、交通安全系统、智能卡系统、路线规划系统、交通信息实时发布系统、车流量及事故管理系统等。

为了鼓励人们乘坐公共交通工具出行、绿色出行，斯德哥尔摩将收取交通拥堵税纳入智慧交通建设之中。斯德哥尔摩从2006年1月开始对进出城的机动车收取交通拥堵税，收费系统由IBM公司提供。IBM公司结合斯德哥尔摩交通管理局及市民出行的需要，利用计算机、人工智能、传感器等技术建立了完善的智能收费系统。

斯德哥尔摩智能收费系统在城市的主要进出口设置了18个路边控制站，利用自由车流路边停车系统，结合激光、照相、图像识别等技术，高效精准地对进出城市的车辆进行识别、监测及收费。

交通拥堵税按照进出城市的时间分为三个档次，其中，7:30～8:29以及16:00～17:29作为车流量高峰期，执行最高收费档次。为了降低出租车、货车等需要多次进出城的个体及组织的交通成本，斯德哥尔摩设置了单日最高收费额度。统计数据显示，收取交通拥堵税后，斯德哥尔摩交通拥堵降低了20%～25%，交通排队时长降低了30%～50%，交通废气排放量降低了2.5%，中心城区交通废气排放量降低了14%，包括二氧化碳在内的温室气体排放量降低了40%。

韩国：智能公交系统的建设实践

最初，首尔政府对公共交通采用放松管制模式，由私人运营商提供公共交通服务，政府拥有定价权，但为了避免私人运营商破产，要为其提供大量补贴，这种模式带来了两个方面的负面影响：一是私人运营商争抢客源导致价格战等恶性竞争问题，破坏了产业生态；二是线网资源难以高效整合，无法充分发挥出公共交通的价值。

2004年7月1日，首尔政府对公共交通系统进行了大刀阔斧式的改革，收回公共交通线路、服务标准、运营计划等方面的决策权，坚持以人为本、大力推进公交优先战略，取得了十分良好的发展成果，其智能公交系统中的公交线路编码系统、公交智能卡系统、公交管理系统建设尤其值得我国借鉴。

1. 公交线路编码系统

首尔政府在对公共交通系统改革之初，首先对公交路线进行统一规划，并为其制定专属编码，编码采用"出发区域+到达区域+序号"的格式，整个编码体系围绕区域编码展开，在首尔市内部划分了8个区域，与其联系密切的周边地区则被划分为7个区域。公交线路包括四大类型，如表6-2所示。

表6-2 公交线路的四种类型

类型	功能
红色线路	市郊快线，连接首尔及其卫星城
蓝色线路	城市干线，连接首尔市内部的各个区域中心，主要是主干道、公交专用道中的市区跨区域线路
绿色线路	城市支线，连接城市干线和地铁站
黄色线路	市内环线，满足市民购物、餐饮等本地化生活需要

2. 公交智能卡系统

考虑到市民的换乘需求，首尔政府在当地推广多功能智能卡（T-money），可用于公交、地铁等多种出行场景。多功能智能卡的应用不仅可以让乘客获得一定折扣，使用信用卡、预付卡等支付交通费用，而且方便公共交通运营公司收费，降低人力成本，提高收费的精准性。

首尔是全球首批使用无线射频识别卡系统收费的城市（1997年正式使用）之一，该系统由飞利浦公司提供解决方案，市民可以使用Mifare卡支付公交费用。但该系统在交易速度、交易安全、内存容量等方面存在一定的短板，6年后，首尔开发并推广基于IC芯片的全新智能卡系统。

这款全新智能卡系统采用EMV标准（由国际三大银行卡组织——Europay、Mastercard和Visa共同制定的银行卡从磁条卡向智能IC卡转移的技术标准），可以充分确保智能卡和终端设备及系统间的兼容性，不仅极大地拓展了内存空间，而且功能更加多元化、个性化。公交运营公司可以通过对智能卡数据进行搜集、处理及分析，更为科学地设置公交班次。此外，公交车票收入管理可以得到公众监督，加强政府和民众之间的信任。

T-Money卡在首尔市民乘坐公共汽车时的使用率高达93%，地铁使用率高达100%，出租车使用率为30%。除了支付交通费用外，T-Money卡还可以用于400美元以内的小额购物场景，例如书店、快餐店、公园、便利店、自动售货机等，而且很多商家和T-Money卡达成合作关系，使用T-Money卡支付的顾客可以享受一定的折扣。

3. 公交管理系统

公交管理系统显著提高了首尔公交运营管理水平，给当地政府相关职能部门及公交运营企业带来了诸多便利，与此同时，该系统还具备强大的信息服务功能，能够将交通数据实时上传到各个交通网点，应用ITS、GPS（Global Positioning System，全球定位系统）等技术对公交车位置进行精准定位，帮助公交运营企业优化公交班次，并通过智能手机、电子显示屏等渠道向市民提供个性化、差异化的公交信息服务。

日本：VICS 与 ETC 系统的应用

1995 年 7 月成立的日本 VICS（Vehicle Information and Communication System Center，车辆信息与通信系统中心）是全球范围内成熟度比较高的道路交通信息系统应用之一，由日本道路交通情报中心建立并负责运营管理，在提高交通效率、安全性，减少环境污染等方面创造了巨大价值。

不到十年时间，和 VICS 配套的接收器设备便在日本得到大规模推广普及。到 2003 年 6 月，安装了导航系统的车辆达到 7520 多万辆，同时配备车辆导航系统和 VICS 接收器的车辆有 2700 多万辆。司机在驾驶汽车的过程中可以实时接收 VICS 发布的交通路况及管理信息。

日本作为人口密度极高的国家，虽然汽车数量众多，但交通状况较为良好。为了解决交通拥堵问题，日本道路上安装了大量的雷达和监测器，能够对道路状况进行实时监测并将数据反馈给交通统一调度指挥中心，广大民众也可以通过车载导航、智能手机等渠道接收实时的路况信息，制定更为科学合理的出行方案。

由于日本面积较小，电子地图制作难度较低，企业可以将电子地图产品做得更为精细化、个性化，使车载电子地图在日本得到大规模推广。在日本，有多家企业可以提供电子地图产品，用户可以方便快捷地在线上下单购买，然后通过微波、卫星天线、智能手机、电视载波机等使用电子地图，接收服务商实时发布的天气、环境、路线规划、智能导航、即时路况、拥堵时间预测等信息。

ETC 是一种广泛应用于公路、大桥和隧道的电子自动收费系统。日本于 2000 年 4 月正式启动 ETC 计划，用 3 年时间在全国建立 900 个电子收费站。

在计费方面，ETC 系统通过行驶距离和车辆类型来计算费用。想要实现 ETC 系统在全国范围内的推广普及，需要建立统一的 ETC 标准，并在此基础上对车载异频雷达收发器进行整合，确保不同系统管理下的收费公路能够采用统一的计费标准。

日本官方发布的"ITS"（智能交通系统）手册显示，企业研究并推广 ETC 系统时要遵循以下原则，如表 6-3 所示。

表 6-3　企业研究并推广 ETC 系统需遵循的六大标准

序号	具体标准
1	在全国范围内建立一个统一的综合系统，制定适用不同路面的收费标准
2	为车辆和路管单位建立高效便捷的交互渠道
3	为了迎合日益个性化、多元化的应用需求，ETC 系统要设计专用车载设备及多功能 IC 卡
4	IC 卡应该与 CPU 等设备深度融合，能够和智能手机等终端设备进行双向身份认证，具备数据记录解析功能，从而保证信息安全
5	为了更好地对 ETC 系统进行维护，保证其使用更加便捷、安全，日本于 1999 年 9 月成立 ORSE（The Organization for Road System Enhancement，道路系统增强协会），该协会可以提供身份识别信息、最新数据安全标准等信息安全服务
6	数据安全标准是一项普适性的标准规则，可以有效解决乱收费及伪造、篡改私人信息等问题，签署 ETC 安全标准文件及保密协议的企业可以获取并使用该标准

日本高速公路养护水平和质量比较高，路面平整，出现裂缝、坑槽等问题后会有专业的施工团队快速维护。最初，日本高速公路均由日本道路公团管理，2005 年，日本道路公团正式民营化，被分割为 6 家负责道路建设和管理的公司，并设立 1 家"道路保有·债务偿还机构"，负责承接公司的资产和债务。

6 家新公司包括将原日本道路公团根据地域划分成立的 3 家公司——东日本高速公司、中日本高速公司和西日本高速公司，以及根据首都高速、阪神高速、本州四国联络团等 3 家道路公司成立的首都高速公司、阪神高速公司以及本州四国联络公司。

早在 1970 年,日本便在全国范围内推广排水路面结构。如今,排水路面结构在日本道路中的普及率超过了 98%,和普通路面结构相比,排水路面结构在防滑、减噪、防眩光、防溅水等方面具有明显优势,可以给居民带来更为良好的出行体验,并有效降低交通事故发生率。

第三部分 | **智能网联**

第 7 章
智能网联：5G 车联网的实践路径

车联网行业面临的运营挑战

目前，新一轮汽车产业变革已经到来，智能网联化汽车有望成为产业主导。根据埃森哲咨询公司的预测，预计到 2025 年，中国车联网市场在全球车联网市场的占比将达到 27%，成为全球最主要的车联网市场。车联网的蓬勃发展，不仅能够带动整个汽车产业的崛起，也将给整个移动互联网生态带来新的机遇。

5G 技术通过与超密集组网、全双工通信、毫米波、大规模天线阵列等技术相结合，能够大幅提升通信系统的性能。以车联网为例，与基于 IEEE 802.11p[1] 标准的通信相比，依托 5G 技术的车联网将具有低时延、高可靠性、频谱能够高效利用、通信质量更加优越等优点。

车联网涉及的网络包括车载移动互联网、车内网和车际网三部分，基于约定的通信协议和标准，借助传感器、RFID（Radio Frequency Identification，射频识别）、数据挖掘、自动控制等设备与技术，实现车辆与 X（其他车辆、行人、道路等）之间的通信与交互。在这个过程中，车辆与

---

[1] IEEE 802.11p 又称 WAVE（Wireless Access in the Vehicular Enviroment），是一个由 IEEE 802.11 标准扩充的通信协定。

公共网络的互联互通,也可以看作物联网技术在交通领域的具体应用。

在车联网的设置中,车辆兼具移动通信设备的载体和用户的载体两种角色,能够以拓扑节点的形式组织移动网络拓扑。但是,与物联网的很多应用不同的是,车辆在运行过程中是移动的,使得车载通信的通信环境更加复杂、移动区域受限、节点的覆盖范围大、需要频繁接入和中断与互联网的连接、网络拓扑的变化也非常快,这就给车联网的运营带来了很多挑战,主要表现在以下三个方面。

1. 体系结构问题

在体系结构方面,为了给用户带来良好的驾乘体验,车联网的体系结构需要进行较为复杂的设置。自动驾驶汽车在道路上行驶,需要经过路侧单元(Road Side Unit,RSU)接入移动互联网,并将与车辆以及道路有关的信息上传至互联网后发布。由于这种协作通信模式需要借助大量的路侧单元才能实现,所以建设成本以及消耗的资源都比较高。

2. 通信问题

由于车联网涉及多种类型的通信网络,不同的通信网络使用的标准和协议也有所不同,因此如果车联网数据处理和网络的融合不完善,就会降低车联网的运行效率。例如 IEEE 802.11p 标准的车辆自组网通信虽然具有可靠性高、分组丢失率低、传输距离远等优点,而且不容易受到车辆高速运行环境的影响,但是其在复杂的非视距环境下的通信质量无法得到保障。此外,自动驾驶车辆在行驶过程中需要进行频繁的网络连接和信息交互,通信时延问题也不容忽视。

3. 安全问题

在车联网环境下,基本所有与用户和车辆相关的信息都要上传到网络，使得信息被干扰和窃取的概率大大提高，严重情况下可能威胁到车联网系统的安全。车联网系统的各个部分都有可能受到不同程度的安全威胁。例如在感知层，车辆以及路侧单元所采集的信息有可能被窃取和篡改；在网络层，数据的泄露和破坏等问题也非常容易发生；在应用层，用户信息窃取以及越权操作等问题可能给用户和公众带来安全隐患。

上述问题明显制约了车联网的发展。而随着5G技术的发展及其商业化的推进，5G移动通信网络将与终端直通、认知无线电、大规模天线阵列、超密集组网等技术融合，解决车联网应用过程中差异化性能指标带来的多方面挑战。

5G移动通信技术不仅使得无人驾驶车辆能够在高速移动下达到更好的性能，还使得车联网不需要单独建设基站和基础服务设施，这都将为车联网的发展产生积极的推动作用。

5G在车联网领域的应用优势

在5G技术不断发展的背景下，5G技术的应用范围会不断拓展，5G通信网络基础设施的部署会不断加快，这将为5G车联网的发展奠定多渠道互联网体系结构。届时，V2X将通过D2D通信技术❶实现，这种通信方式具有低时延、高可靠性、频谱与能源高效利用、优越的通信质量等优势。而且，由于不需要单独部署通信基础设施，只需要与移动通信功能共享计费，所以5G车联网能够广泛地应用于城市街区、高速公路等多种情景，并获得快速发展。当发生特殊的自然灾害等情形时，5G车联网也可以进行实时的信息交互，提供更加全面、多样化的通信服务。

---

❶ D2D（device to device）通信技术是指两个对等的用户节点之间直接进行通信的一种通信方式。

我们可以设想，当 5G 通信终端在加油站、酒店等与人们的生活密切相关的场所部署后，自动驾驶车辆行驶到这些区域时，车辆的后台系统便能够根据车主的需求与这些商业机构进行网络连接，支持车主开展订餐、订房等活动，无须特别进行网络断开和连接设置。但目前此类商业机构的移动通信方式还存在诸多问题，例如通信安全得不到保证、通信质量不稳定、蓝牙容易被干扰等，大大制约了新型商业模式的落地。

随着 5G 车联网的发展，车辆有望成为人类除家庭和办公室之外的重要活动场所。例如当发生台风、地震等自然灾害时，5G 车载单元可以在通信基础设施被破坏的情况下，通过基于单跳或多跳的 D2D 方式与其他 5G 车载单元通信，还可以协助周围的 5G 移动终端进行信息交互，让车联网从根本上改变人们的交通和通信方式。

具体而言，5G 在车联网领域应用的优势主要体现在以下几个方面。

1. 低时延与高可靠性

在车联网的整个通信过程中，都应该尽可能地保证通信的安全性和私密性，同时追求更高的数据传输率和更低的时延。尤其是信息的发送端、接收端和中继节点等位置，对数据传输的实时性要求非常高。但受到带宽、速度以及域名等因素的影响，车联网的通信时延无法达到毫秒级。

而 5G 技术由于具备超高密度组网以及较低的设备能量消耗，能够在极大降低通信开销的同时，有效解决时延和带宽等问题。与以往自动驾驶采用的通信技术相比，5G 通信的时延大大降低，可以达到毫秒级，解决了制约车联网发展的通信难题。

2. 频谱和能源高效利用

5G 技术带给用户优质体验的一个重要特征是频谱和能源的高效利用，

凭借这一特点，5G 技术应用于车联网可以有效解决互联网资源受限的问题。5G 车联网对频谱和能源的高效利用的具体表现如表 7-1 所示。

表 7-1　5G 车联网对频谱和能源利用的三个方面

频谱与能源	利用方式
D2D 通信	5G 车联网能够借助 D2D 通信，通过复用蜂窝资源实现终端直接通信，实现自组网通信和多渠道互联网接入。与基于 IEEE 802.11p 标准的车联网通信方式相比，这种通信方式可以在提高频谱利用率的同时节约资源和成本
全双工通信	在 5G 车联网中，不同的终端与其他终端或 5G 基站之间能够在相同频段的信道中同时发送和接收信息，这种全双工通信方式可以提高频谱使用效率
认知无线电	5G 移动互联网通信技术体系中的一项重要技术就是认知无线电技术，具体到车联网的应用中，指的是自动驾驶车辆的车载终端基于对无线电通信环境的感知，获取相关的频谱空洞信息，之后与空闲频谱连接，实现终端之间的高效通信。这种动态频谱接入能够满足更多用户的频谱需求，可以大大提高频谱资源的利用率。此外，基于认知无线电技术，在获得授权的情况下，车载终端的频谱资源可以实现共享，进一步解决无线频谱资源短缺的问题

除了上面提到的 5G 车联网在频谱和能源方面的高效利用外，5G 车联网对能源的节约还表现在多个方面，例如 5G 基站所进行的大规模天线阵列的部署方式，不仅能够保证通信性能，而且可以节约资源；在车辆自组网场景中，5G 车载单元可以快速发现附近的终端并与之通信，减少 OBU（On Board Unit，车载单元）通信可能带来的能源消耗。

3. 更加优越的通信质量

由于 5G 通信网络具有高速率、低时延和广连接等特点，更能够满足自动驾驶用户对服务质量的要求。根据该领域的相关研究成果，30GHz～300 GHz 的毫米波通信系统可以成为 5G 终端之间以及终端与基站之间良好的通信媒介，满足信息交互需求。而且，毫米波通信系统相对不容易受到环境因素的干扰，能够保证数据传输的速率。此外，与此前的车联网相比，5G 车联网的优势如表 7-2 所示。

表 7-2 5G 车联网的三大优势

优势	具体表现
通信距离长	基于 IEEE 802.11p 标准的车辆自组网通信容易发生通信时间短、通信易中断等的问题，而且当通信过程中遇到比较大的障碍物时，通信质量无法得到保证。而在基于 5G 车联网的通信网络中，不仅通信质量能够得到保证，而且通信距离最长可以达到 1000 米
传输速率高	5G 通信网络的主要特点之一就是数据的传输速率高，基于 5G 的车联网延续了这一特点，能够提供高速的下行和上行数据传输速率，保证运行车辆与其他车辆或移动终端之间能够实现高质量通信
高速移动性	与 IEEE 802.11p 标准通信相比，5G 车联网能够支持车辆在高速行驶的状况下顺畅通信，在车辆的行驶速度达到 350 km/h 时，通信质量也可以得到保证

基于 5G 的车载信息娱乐服务

相较于 4G 网络来说，5G 网络的带宽更大、传输速率更快、稳定性更高，所以基于 5G 的车载信息娱乐服务将拓展出更多新应用，包括车载高清视频实时监控、AR 导航、车载 VR 视频通话、动态实时高精度地图、车辆和驾驶实时监控等，具体分析如下。

1. 车载高清视频实时监控

基于 5G 的车载高清视频实时监控系统可以对车辆行驶全程进行动态监控，获得高清晰度、可以流畅播放的视频。车载高清视频实时监控系统应用于公交车辆，可以借助 5G 网络将获取的高清视频实时传输到后台。后台可以通过对高清视频数据进行深入挖掘，对驾驶员的操作行为进行分析，发现驾驶员的不规范操作行为并及时发出提醒，防止因为驾驶员的不规范操作导致意外发生，更好地保障车辆行驶安全。

2. AR 导航

AR 导航会通过摄像头将前方道路的真实场景拍摄下来，结合车辆当前所在的位置、地图信息以及具体的行驶场景进行综合计算，在真实的道路上生成虚拟的指引信息。在这种导航模式下，驾驶员可以看到导航信息与车道线相融合，从而产生更直观的视觉体验。

3. 车载 VR 视频通话

车载 VR 视频通话可以实现"全息"通话。假设通话的一方在车内，另一方在登山，电话接通后，车内的一方可以看到山上的景色，并听到山上的风声、鸟鸣声等声音，登山的一方可以看到车内外的情景。

4. 动态实时高精度地图

自动驾驶所依赖的高精度地图需要四类数据，包括每个月更新一次的永久静态数据、每小时更新一次的半永久静态数据、每分钟更新一次的半动态数据、每秒钟更新一次的动态数据。5G 与边缘计算相结合可以为高精度地图提供其需要的各类数据，而动态实时的高精度地图又可以为驾驶员提供自动规划行驶路线、辅助自动驾驶等服务。

5. 车辆和驾驶实时监控

在自动驾驶模式下，车载传感器收集到的所有信息都要传输到边缘侧或者云端进行处理。而自动驾驶车辆每秒钟就会产生 1GB 的数据，规模如此庞大的数据传输需要 5G 网络的支持才能实现，传统的 4G 网络无法满足这一需求。

另外，在 5G 网络环境下，交通管理部门可以从多个渠道获取大量实时的交通数据，以数据为依托制定更科学的交通优化策略，具体如表 7-3 所示。

表 7-3　交通管理部门获取实时交通数据的三大渠道

序号	渠道
1	交通管理部门可以通过地图信息、车辆实时状态、驾驶人行为、交通基础设施、路网交通状态、综合感知信息等诸多信息,对交通系统的运行状况进行预测,根据出行车辆的需求为其提供合理的行驶策略
2	交通管理部门可以利用全局智能算法对整个城市的交通信号灯进行精细化控制,实现道路交通资源的动态分配,切实提高交通效率
3	交通管理部门可以利用实时的交通数据,包括路上车辆数量和行驶速度、有无发生交通事故等,对交通拥堵的发生概率做出预判,提前制定应对策略,防止大规模、长时间交通拥堵状况的发生

总而言之,交通管理部门可以借助 5G 网络为车辆提供多元化的服务,包括出行路径规划、行驶速度引导、路况信息提醒等,帮助居民高效出行。

5G 车联网安全框架与关键技术

车联网利用传感器与传感技术感知车辆的状态信息,借助无线通信网络将信息上传到云端或者边缘侧,然后利用大数据、云计算等技术对信息进行处理,对车辆进行智能化管控。虽然随着 5G 的大规模商用,车联网技术快速发展,取得了不错的成绩,但仍面临着很多安全问题。例如,如果车辆在没有安全保护的状态下行驶,有可能受到恶意攻击,发生交通事故。为了防止这类事件发生,车联网必须搭建一个安全框架,全方位保障车辆行驶安全。

1. 5G 车联网安全框架

从结构上看,基于 5G 的车联网安全框架包括三大部分,分别是网络层、感知层和应用层,如表 7-4 所示。

表 7-4 基于 5G 的车联网安全框架

三大层次	具体构成	主要功能
网络层	包括卫星网络、5G 网络、专用网络以及 D2D 通信、毫米波等通信技术	支持卫星通信、5G 网络通信等，以保证信息传输安全
感知层	包括定位感知设备、交通引导收发设备、道路感知设备等	可以感知道路上的车流信息、车辆行驶信息以及各种道路信息
应用层	包括车路通信安全、车辆信息防篡改、车辆信息安全加密等技术	可以利用大数据技术对人、车辆、道路设施等信息进行分析，为决策提供有效支持

2. 5G 车联网安全的关键技术

5G 车联网是以过去的互联网技术为依托，通过创新形成的一种新技术。为了保障 5G 车联网的安全，对其中的关键技术进行研究非常有必要。具体来看，5G 车联网安全涉及的关键技术主要包括以下几种。

（1）安全通信技术

研究人员在对 5G 车联网进行测试的过程中发现，如果有车辆向目标车辆发送虚假信息，可以轻易地骗取目标车辆以及车主的隐私信息，进而引发一系列严重的后果，导致车主的生命安全、财产安全受到严重威胁。为了解决这一问题，研究人员在 5G 车联网中引入了安全通信技术。在车辆行驶过程中，不同的接入点与终端用户之间需要频繁认证，可以快速识别假冒终端以及恶意车辆发送的虚假信息，保证车辆行驶安全。

（2）隐私保护技术

在保证了通信安全之后，接下来就是保护车辆、车主以及乘车人员的隐私。在 5G 车联网这个开放的网络环境中，车辆在行驶过程中产生的所有信息都可以高速传输，但也非常容易被人故意截留，导致信息泄露。为了更好地保障车辆以及人员的隐私，研究人员开发了适用于 5G 的新型安全通信与隐私保护协议，以及动态匿名方案等，均取得了不错的效果。

（3）射频识别技术

近几年，射频识别技术逐渐取代条形码或者磁条，在车联网中实现了广泛应用。射频识别技术主要由标签、阅读器和后端数据库组成，其中标签可以记录物品的关键信息，阅读器可以读取关键信息，数据库可以对信息进行整合管理，在车联网领域有着广阔的应用空间。当然，除了可以应用于车联网之外，射频识别技术还可以应用于信用卡、仓储物流、电子护照等众多领域。

（4）硬件安全技术

5G车联网硬件安全技术要具备应对车辆在物联网环境中可能遭遇的各种安全风险的能力，包括运用恶意软件、恶意篡改数据、注入故障、专业威胁、未经授权的访问、随意对硬件进行修改、木马攻击、边信道攻击等，防止物理设备受损，保证车辆安全。

（5）安全认证技术

对于5G车联网来说，安全认证技术非常重要。目前主流的安全认证技术包括二次验证、去中心化可离线认证、基于数字证书技术的软件或硬件加密、双向认证等。为了最大限度地保障车辆安全，研究机构需要进一步加大对安全认证技术的探索，开发更多新的安全认证技术与方法。

第 8 章
自动驾驶：5G 车路协同应用场景

5G 自动驾驶的典型应用场景

自动驾驶技术是集传感器、信息通信技术、导航定位技术、模式识别技术、智能控制技术等多门技术和学科于一体，实现车辆完全自动化行驶的一门技术。自动驾驶的落地将全面提升人们的出行效率，提供更加安全、便捷、高效的出行体验，使人们的幸福感、获得感、安全感得到跨越式提升。

早在 20 世纪 50 年代，西方许多发达国家就开启了对自动驾驶的探索，并取得了一定的成绩。我国发展自动驾驶的时间相对较晚，在发展过程中借鉴了很多西方的优秀经验和先进理论。现阶段，随着 5G、人工智能、大数据、机器识别等技术迅猛发展，我国自动驾驶也得到了快速发展，不过仍处于探索阶段。

实际上，自动驾驶是一种新型的智能驾驶形态，其具体应用过程是在车辆上安装智能传感器，让传感器自动、实时、动态地感知车辆周围的环境信息，并将收集到的信息实时上传至汽车智能控制系统，系统会根据路况、周围车辆、驾驶速度、障碍物等信息，自动控制车辆的速度和方向，保证车辆在道路上安全、有序地行驶。可以看出，海量数据、先进的技术以及精准的控制系统是自动驾驶的基础。

5G 时代的到来为自动驾驶的落地带来了前所未有的机遇。5G 具备低时延、高速率、高带宽的特性，5G 赋能自动驾驶可以大幅提升汽车与周围环境的通信效率，从而大幅增强自动驾驶的安全性与可靠性。此外，5G 还可以赋能汽车内部服务，实现数字服务，优化乘客的出行体验，同时为汽车制造商创造新的价值增长空间。

具体来说，5G 在自动驾驶领域的典型应用场景主要包括以下几种。

1. 车辆编队行驶

车辆编队行驶是车路协同中的一个热门课题，指的是在复杂多变的交通环境中，让多辆自动驾驶车辆通过自动调节行驶速度与转向，以相对稳定的几何位姿及运动状态行驶。在编队行驶的过程中，车辆之间要保持实时交流，分享各自的状态信息，这就对无线通信技术提出了极高的要求，大带宽、低时延的 5G 网络恰好可以满足这一要求，提高车辆编队行驶的效率，保证车辆编队行驶的安全。

2. 远程驾驶

远程驾驶系统集成应用了 5G 通信、车－路－云协同、云计算、自动控制等诸多技术，包括数据交互与控制、网络传输与控制、平台三大模块，支持用户通过远程智能驾驶平台对车辆进行远程控制。尤其是在复杂的交通环境下，如果发现自动驾驶系统无力应对，驾驶员可以通过远程智能驾驶平台接管车辆的控制权，远程操控车辆安全驶过该路段，防止发生意外，保障车辆以及车内人员的安全。

3. 协同驾驶

车联网发展到高级阶段就是协同驾驶。在协同驾驶模式下，车辆可以依靠车内与云端的中央控制器实现协同控制与决策，车辆之间、车辆与道路的基础设施之间可以开展实时通信，对车辆、道路、行人的状态进行实时感知，促使传统的单车智能逐渐演化为"单车智能＋车联网"协同的工作模式，为自动驾驶水平的提升提供强有力的支持。

4. 传感器信息共享

传感器信息共享指的是将车载传感器获取的图片、视频等信息通过网络在车辆、道路基础设施以及云端之间进行实时交互，从而扩大车载传感器的感知范围，增强车辆对周围环境的感知能力，尽可能全面地收集周围的环境信息，为驾驶决策提供有效支持。

不过，5G时代的到来也为自动驾驶带来了一系列挑战。一方面，在5G时代，各种信息会通过万物互联的网络进行高速传输，但现阶段网络安全和数据安全的保障体系尚不完善，车辆信息安全得不到保障。同时，自动驾驶车辆的内部系统和部件都要与外界连接，这也扩大了车辆遭受信息泄露风险的范围。另一方面，自动驾驶技术的应用离不开无线网络的支撑，这对5G基站的数量、密度和可靠性提出了更高的要求。但现阶段我国的5G基站数量远没有达到能够全面支撑车辆自动驾驶的程度，因此，自动驾驶的落地仍缺乏关键基础设施。

5G时代的车与路，将更加协同

5G网络的普及推动人类社会从万物互联时代跨入万物智联时代，各领域都在开展智慧化变革。5G赋能交通，得益于其低时延和高速率的优势，车流量可以得到实时监控，城市交通可以实现智能化管控，车与路可以实现高效协同，进而推动交通行业实现智慧化发展。

1. V2X 技术：车路协同的关键技术

在智能交通领域，V2X 技术是智慧交通发展的关键技术，能够推动车路之间的高效协同，维护交通秩序，提升出行安全。V2X 技术具备路侧单元和车载单元两个关键的子系统，两个系统相互协作，结合通信技术支持各交通组成单元间的信息交流。

（1）路侧单元

路侧单元是安装在道路两侧的电子装置，能够与车载单元进行通信，也能够智能识别车辆身份，其功能如表 8-1 所示。

表 8-1 路侧单元的主要功能

序号	具体功能
1	对路侧传感器感知到的全部交通信息进行收集，包括车流量、道路状况、突发事件、行人流量、路面湿滑程度、道路可见度等
2	通过有线或无线网络与其他路侧单元及车载单元进行信息交换和共享
3	整合全部交通信息并传输给交通管理中心，为管理人员制定交通管理决策提供数据支撑

（2）车载单元

车载单元是安装在车辆内部与路侧单元进行通信的微波装置，其主要功能如表 8-2 所示。

表 8-2 车载单元的主要功能

序号	具体功能
1	对车载传感器感知的信息进行全面收集、动态整合、融合处理，包括行驶速度、定位信息等
2	通过无线通信技术与其他车载单元及路侧单元进行信息交互
3	对接收到的信息和车载传感器采集的信息进行融合处理，智能判断路况，并对车辆进行科学控制，或提醒驾驶员安全驾驶

事实上，除 V2X 外，自动驾驶的另外一种解决方案也备受关注，即单车智能。单车智能是指通过更多更智能的传感器，借助更加先进的算法和技术，让车辆在没有任何外力干预的情况下实现安全自动驾驶。尽管单

车智能的愿景美好,但由于交通环境极为复杂多变,且传感器的研制、新技术的研发都需要较高的投入,使得其实施难度比较大。

相比之下,V2X技术的解决方案更胜一筹,特别是在5G时代,V2X技术可以实现高精度的超视距感知。同时,V2X还可以结合云技术实现汽车的云端感知,大幅减轻汽车端的工作压力,减少汽车能耗,提升车辆的安全性。

2. 5G车路协同:聪明的路+智慧的车

车路系统指的是以新一代互联网技术与先进的通信技术为依托,促使车辆之间、车辆与道路之间开展实时的信息交互,在全时空动态交通信息采集与融合的基础上实现车辆的主动安全控制,实现人、车、路的高效协同,从而提高道路通行效率,保证车辆行驶安全。

面对复杂的交通环境,车路协同下的自动驾驶想要达到预期效果,必然要实时采集大量交通数据,并对这些数据进行深入分析、整合应用,为车辆制定合理的自动驾驶决策提供有效支持,保证车辆在自动驾驶模式下的行车安全,这就对网络信息技术提出了较高的要求。在现有的技术条件下,能够满足这些要求的只有5G技术。

基于5G的车路协同对5G通信技术、北斗导航技术、V2X、路况采集系统进行集成应用,借助高速率、低时延、广连接的5G通信技术,可以满足自动驾驶车辆对数据进行实时交互的要求,不仅提高了信息沟通效率以及车辆决策与控制的自动化水平,而且减少了比较严重的交通事故的发生。

例如在5G通信技术的支持下,自动驾驶汽车在行驶过程中可以实时掌握定位信息、五维时空信息以及道路边缘信息等,并对这些信息进行快速分析与高效传输,及时发现可能出现的驾驶问题并解决,从而最大限度地保障自动驾驶的安全。

基于 5G 的车路协同应该重点聚焦车路协同系统的研发和构建，同时也要考虑车辆行驶的顺畅度以及驾驶人员、乘车人员的体验，保证车路协同下自动驾驶的安全性、高效性以及智能性，切实满足各方面的要求。

5G 车路协同技术的落地实践

5G 车路协同技术的落地需要重点关注两个问题：一是要合理搭建 5G 基础通信网络，对网络进行准确切片规划，保证各类信息传输速度与效率，防止信息在传输过程中遗失，为自动驾驶水平的提升提供强有力的支持；二是要对自动驾驶道路进行优化，利用路侧智能感知设备、微气象微环境感知设备以及高精度差分基站等智能化设备对道路进行动态监控，获取车路协同所需的各种信息，为车路协同技术的落地提供有效支持。

1. 智能全域感知道路

作为一个高新技术道路综合体，智能全域感知道路具备全域感知、信息交互、规划决策等功能，具体分析如下。

（1）全域感知

智能全域感知道路在路侧部署智能感知设备，对原有的道路基础设施进行更新，实时捕捉道路标识、交通信号灯、可变信息交通标识牌、道路交通事故、道路施工、天气环境、车辆姿态、行人状况等信息，实现人 - 车 - 路 - 环境全域信息的实时动态感知，为自动驾驶决策提供丰富的信息支持。

（2）信息交互

智能全域感知道路借助 V2X 等通信技术以及网络通信协议，能使传感器获取的各类信息在传感网、车联网、光纤网络和各种无线网络之间快速传输，即便在极端环境下也能保证网络的稳定性以及信息传输的安全性。在车内通信网、车际通信网、广域通信网的支持下，智能全域感知道路可以获得覆盖了人、车、路、环境的丰富信息，并对这些数据信息进行有效整合与分析，为车路协同的落地提供数据支持。

（3）规划决策

在边缘计算、人工智能和大数据等技术的支持下，智能全域感知道路可以存储人、车、路、环境数据，对这些数据进行深入挖掘，为驾驶决策提供支持；还可以对车辆的行驶路线进行合理规划，对车流进行引导、分流，防止交通堵塞；对交通安全态势进行诊断，对道路交通事故进行预警，主动干预，以提高道路交通系统的通行能力。

2. 智能路侧设备应用

在 5G 车路协同技术落地应用方面，智能路侧设备发挥着非常重要的作用。目前，常用的智能路侧设备包括路侧视频设备、路侧雷达设备以及路侧激光设备等，这些设备可以对道路进行动态监管，实时获取人、车、路的各种信息，为车路协同下自动驾驶的实现提供支持。

为了更精准、全面地获取所需信息，智能路侧设备的选择应该契合 5G 车路协同的要求，能够对道路运行情况进行实时监测，还能够及时获取附近的环境信息与气象信息，为自动驾驶决策提供充足的信息依据。

在众多智能路侧设备中，路侧视频设备比较常见，可以对道路通行状况进行实时监测，辅之以全景摄像机可以获取更全面的道路视频资料，为后续的自动驾驶决策提供参考。C-V2X RSU❶ 设备也比较常见，可以全面采集道路信息，并利用 5G 网络对这些数据进行实时传输，使数据价值得以充分发挥，为自动驾驶提供辅助，保证自动驾驶的安全，减少安全事故

---

❶ C-V2X 指的是 cellular-vehicle to everything，是蜂窝车联网的简称。RSU 指 road side unit，即路侧单元。

的发生。

智能路侧设备的选择与安装相对来说比较简单，难点在于如何让这些设备发挥出理想的效果。为了解决这一问题，相关单位在选择路侧智能设备时要考虑其能否与车载设备相互协调，要保证二者能够相互支撑、合作，优化道路与车辆的关系，从而为自动驾驶的落地提供强有力的支持。

3. 软件平台构建

5G车路协同技术的落地还需要软件平台的支持，需要通过软件平台指导自动驾驶，以保证车辆行驶安全。具体来看，软件平台主要包括四个部分，如表8-3所示。

表8-3 软件平台的四大组成部分

构成平台	具体功能
5G边云协同管理平台	由边缘计算平台和边云协同管理平台两部分构成，可以对车辆与道路进行协同控制，为自动驾驶创造一个更理想的环境，保证自动驾驶系统高效运行，为自动驾驶的实现提供强有力的支持
五维时空信息服务管理平台	可以全方位获取道路以及周边环境的信息，为车路协同提供丰富的信息支持，保证自动驾驶的安全，为网联汽车的稳定运行提供强有力的保障。因此，五维时空信息服务管理平台要具备强大的感知能力，可以准确、全面地感知各种信息
北斗高精度定位平台	可以为车路协同系统提供高精度的定位服务，将定位误差缩小到厘米级，以免车辆在行驶过程中出现偏差，保证车辆安全
车辆监控调度管理平台	可以对车辆进行有效管控，对行驶在路上的车辆进行实时监控，根据道路交通状况、人流量等信息对车辆进行合理调度，及时发现车辆异常并采取有效措施进行处理，保证车辆行驶的稳定性与可靠性

机器学习在自动驾驶领域的应用

人工智能诞生于20世纪50年代，是一门研究模拟、延伸和扩展人类智能的科学。经过几十年的发展，人工智能已经发展出六大领域，分别是计算机视觉、自然语言处理、自动程序设计、智能机器人、数据挖掘和机器学习，并且这六大领域呈现出相互渗透、融合发展的趋势。

其中，机器学习主要研究如何在算法的指导下自动学习输入的数据样本，对数据样本隐藏的数据结构、内在规律进行分析，获得新的知识与经验，并对新样本进行智能识别，使其具备预测未来的能力。机器学习领域有很多典型算法，包括线性回归、K-均值、K-近邻、主成分分析、支持向量机、决策树、人工神经网络等。

深度学习模型是在人工神经网络的基础上发展起来的，是目前最有效的一种机器学习算法模型，也是目前人工智能研究与应用的热点，因为在2012年的ImageNet比赛中大获成功吸引了很多人关注，被应用于多个领域，产生了一大批成功的商业应用，包括谷歌翻译、微软的Cortana、苹果的Siri、蚂蚁金服的扫脸技术、谷歌的AlphaGo等。

机器学习在自动驾驶领域的应用主要表现在以下三个领域。

1. 环境感知领域

人工智能在自动驾驶领域的一个典型应用场景就是感知处理。例如基于HOG（Histogram of Oriented Gradient，方向梯度直方图）特征的行人检测技术可以对图像进行分析，从中提取HOG特征，通过支持向量机算法对行人进行检测；车辆检测技术可以利用激光雷达与摄像头对捕捉到的数据进行聚类分析与处理；线性回归算法、支持向量机算法、人工神经网络算法可以用来检测车道线与交通标志。

机器学习可以用于乡村公路、野外土路等非结构化道路的检测。因为这些道路的行驶环境比较复杂，而现有的感知技术的检测精度、识别精度相对较差，无法满足自动驾驶需求。在这种情况下，以深度学习为基础的图像处理就为自动驾驶视觉感知提供了重要支持。在感知融合方面，贝叶斯估计、统计决策理论、证据理论、模糊推理、神经网络以及产生式规则等人工智能算法得以广泛应用。

2. 决策规划领域

人工智能在自动驾驶领域的应用还有一个重要场景就是决策规划处理，涉及的人工智能技术包括状态机、决策树、贝叶斯网络等。新兴的深度学习、强化学习可以通过大量学习掌握更多经验，面对更复杂的情况做出决策，而且可以进行在线学习与优化。但因为深度学习、强化学习需要大量计算资源，于是成为自动驾驶规划决策处理领域的热门技术。

3. 控制执行领域

传统控制方法有很多，包括 PID 控制❶、滑模控制、模糊控制、模型预测控制等，而智能控制方法包括基于模型的控制、神经网络控制与深度学习算法等。例如，清华大学研发的单车多目标协调式自适应巡航控制技术，不仅符合驾驶员的特性，可以实现自动跟车行驶，降低燃油消耗，而且可以全面提高行车的安全性，降低车辆燃油成本以及疲劳驾驶的程度；基于多智能体系统的协同式多车队列控制方案也可以降低油耗，提高交通效率，保证行车安全。

---

❶ PID（Propotional Integral Derivative）控制是最早发展起来的控制策略之一，由于其算法简单、鲁棒性好和可靠性高，被广泛应用于工业过程控制。

第 9 章

新能源汽车：助力绿色交通碳中和

新能源汽车的类型划分

在"双碳"背景下，能源行业要积极响应政府要求，"优化产业结构和能源结构，大力发展新能源"。在新能源的各个行业中，新能源汽车凭借应用范围广、可操作性强等优势拥有广阔的市场空间，吸引了投资机构、传统汽车企业、科技企业、互联网巨头等纷纷布局。新能源汽车的发展不仅可以降低我国整体的碳排放，而且可以推动经济实现绿色转型发展。

新能源汽车指的是以氢气、电池、压缩空气等非常规能源作为动力，借助新技术、新结构打造的新型汽车，主要包括三大类，分别是纯电动汽车、燃料电池汽车和混合动力汽车，具体分析如下。

1. 纯电动汽车

纯电动汽车（Battery Electric Vehicle，BEV）以蓄电池的电能为动力驱动电动机运转，进而驱动汽车行驶，关键技术包括车身技术、底盘技术、电池技术、电机技术和控制技术，其中电池技术是核心技术，是决定纯电动汽车性能的关键技术。目前，市面上常见的电池包括铅酸电池、镍氢电池和锂电池，其优缺点如表 9-1 所示。

表 9-1　三类常见电池的优缺点

电池类型	优点	缺点
铅酸电池	自放电率低、寿命长、安全性好、可靠性高	重金属含量比较高，容易造成环境污染；能量密度低，体积大、重量大，使用不便
镍氢电池	更加环保，对环境的污染比较小	电压比较低
锂电池	对环境的影响小、能量密度高、充电时间短、使用寿命长	技术尚不成熟

2. 燃料电池汽车

燃料电池汽车（Fuel Cell Electric Vehicle，FCEV）是以清洁燃料为动力的电车，包括液化石油气汽车和天然气汽车两种类型，其优点在于可以延长发动机的使用寿命，减少对环境的污染，缺点在于续航能力差。燃料电池汽车想要解决这一问题，在性能上取得重大突破，必须着力研发电动机技术。

燃料电池汽车发动机性能比较差的原因是进气过程会减少空气充气量，虽然可以通过缸内液化石油气直接喷射技术、压缩天然气缸内直喷技术等技术提高充气效率，但这些技术对发动机结构、控制方式、尾气排放方式等提出了更高的要求，实现难度比较大。

3. 混合动力汽车

混合动力汽车（Hybrid Vehicle，HV）指的是由两个或多个能同时运转的单个驱动系统构成的车辆，根据车辆的行驶状态由单个驱动系统或者多个驱动系统共同提供动力。目前市面上常见的混合动力汽车是油电混合动力汽车（Hybrid Electric Vehicle，HEV），以传统的内燃机与电动机为动力源。

混合动力汽车兼具纯电动汽车高效率、低排放和传统燃料汽车高比能量、高比功率的优点，可以弥补传统燃料汽车污染大、油耗成本高等缺点，同时可以增强纯电动汽车的续航能力，所以被视为从传统燃料汽车向纯电动汽车过渡的一种汽车类型。

混合动力汽车在行驶过程中会采取一定的控制策略对两种能量供应方式进行切换，使不同的能量源可以互补，从而提高车辆的续航能力，改善汽车系统的性能。因此，对于混合动力汽车来说，控制策略非常关键。

新能源汽车的关键技术

新能源汽车有很多关键技术，包括电池技术、电机及其控制技术和电控技术，具体分析如下。

1. 电池技术

新能源汽车以传统燃油汽车为基础，增加了电池、电机、电控系统等组件。其中，电池是非常重要的一个组件，其性能直接决定了汽车的行驶速度、续航里程、车辆行驶的安全性与可靠性等。所以，为了保证新能源汽车的性能，汽车厂家在选择电池时要考虑很多因素，包括能量密度、功率密度、自放电、使用寿命、安全性等，其中要重点考虑电池的能量密度、功率密度和循环寿命。

在现有的各种类型的电池中，镍氢动力电池是技术最成熟、应用范围最广、商业化最成功的一类电池，锂电池是各国重点研发对象，燃料电池则凭借可以实现完全零排放这一优点成为长期研发目标。

电池系统性能的最大化发挥离不开能量管理系统的支持。因为车载电池的体积有限、能量密度有限，所以其支持下的电动汽车的续航里程比传统燃油汽车的续航里程差很多。为了将有限的车载能量最大限度地发挥出来，增加续航里程，必须提高能量管理系统的性能，优化能量分配，对电池剩余能量进行精准预测，在再生制动环节对再生能量进行科学调整。从这个层面看，能源管理系统肩负着能量分配的重要职责，所以必须具备灵活性好、适应性强、功能多元化的特点。

2. 电机及其控制技术

在电动汽车的构成中，电机也是一个非常重要的部件。目前，电动汽车常用的电机有四种类型，分别是直流电机、感应电机、永磁无刷电机和开关磁阻电机。为了保证电动汽车的性能，电动汽车的电机应该具有以下特点：转速高、调速范围广、启动扭矩大、质量轻、体积小、效率高、动态制动强、能量回馈效率高等。

过去，在电动汽车的电机市场上，直流电机占据着主要地位。近几年，交流电机、永磁电机、开关磁阻电机逐渐取代直流电机，在电动汽车领域实现了广泛应用。未来，电动汽车的电动机将向着大功率、高转速、高效率、小型化的方向发展。

在控制技术方面，电动汽车的电机有多种控制模式，包括线性控制、变频变压控制以及矢量控制等，但线性控制和变频变压控制都无法满足高性能电机的驱动要求，所以矢量控制成为异步电机控制较好的选择。

经过研究人员的不懈努力，近几年出现了很多新型控制策略，包括自适应控制、变结构控制、模糊控制、神经网络控制、专家系统控制等，均取得了不错的效果，未来还将出现更多智能化、数字化的控制系统，以降低控制系统的应用成本，提高控制系统的综合性能，满足电动车辆日益复杂的控制需求。

3. 电控技术

电控系统对新能源汽车来说非常重要，肩负着调节各个子系统的功能，保证车辆安全稳定运行的重要职责。另外，电控系统性能的好坏还会对电池的使用寿命造成直接影响。目前，新能源汽车常用的电控技术包括整车控制技术、电机控制技术、电池管理技术和充电技术等。

在电机及控制技术实现数字化、智能化升级的背景下，控制系统也将变得更加智能。未来，新能源汽车的控制系统会对各种非线性智能控制技术进行综合应用，包括结构控制、模糊控制、神经网络、自应控制、专家系统、遗传算法等，以简化系统结构，提高系统的响应速度、抗干扰能力及鲁棒性❶，使系统的综合性能得以大幅提升。

燃料电池汽车工作原理与优缺点

三种不同类型的新能源汽车的工作原理存在较大差异，优缺点也各有不同。下面我们先对燃料电池汽车的工作原理及优缺点进行分析。

1. 燃料电池汽车的工作原理

燃料电池汽车是一种用车载燃料电池装置产生的电力作为动力的汽车。目前，燃料电池汽车使用的燃料主要是高纯度氢气或者含氢燃料，其工作原理是让氢燃料与大气中的氧气结合发生氧化还原反应，产生电能，驱动电机运转，由电机产生动能驱动汽车的机械传动结构运动，从而驱动车辆行驶，整个过程会产生少量的二氧化碳、氢氧化物以及水，对环境的污染极小。

2. 燃料电池汽车的优缺点

燃料电池汽车有优点，也有缺点，具体如表 9-2 所示。

---

❶ 鲁棒性（Robustness）指的是计算机系统在执行过程中出现错误，以及算法在遭遇输入、运算等异常时继续正常运行的能力。

表 9-2 燃料电池汽车的优缺点分析

项目	分析
优点	（1）对环境的污染小，二氧化碳产生量极少，几乎可以实现零碳排放，符合碳减排的要求。 （2）因为不使用机油，所以不会因为机油泄漏引发水污染。 （3）可以极大地提高发动机的运转效率以及效率的转化率。 （4）行驶过程中噪声较小，行驶过程也比较稳定，可以极大地提高驾驶人与乘车人的舒适度
缺点	（1）对技术的要求比较高，实现难度比较大，导致成本比较高，售价也比较高，只适合在有限的场景中使用。 （2）因为要为燃料电池留出足够的空间，所以底盘比较低，在路面条件较差的道路上行驶时通信能力比较差

混合动力汽车工作原理与优缺点

混合动力汽车的驱动系统由两个或者两个以上能够同时运转的驱动系统构成，在行驶过程中会根据行驶功率决定是由单独的驱动系统驱动，还是由两个驱动系统共同驱动。下面对混合动力汽车的工作原理与优缺点进行具体分析。

1. 混合动力汽车的工作原理

目前，混合动力汽车有两种类型：一种是油电混动，另一种是插电式混动。油电混动汽车以动力系统和传统的内燃机、电动机作为动力源，需要使用燃油，但在起步和加速时有电动马达提供辅助，可以降低油耗；插电式混动汽车以电能和燃油为动力源，可以在起停、加减速时回收能量，可以在纯电动模式下行驶，电池能量耗尽后可以在混合动力模式下行驶，并适时向电池充电。

从整体架构来看，混合动力汽车的驱动系统主要由控制系统、驱动系统、辅助动力系统和电池包组成。在工作原理方面，串联式混合动力电动汽车在行驶过程中，当电池电量充足，可以满足车辆行驶对能量的需求时，辅助动力系统不需要工作；当电池电量下降，低于60%时，辅助动力系统就会开始工作，与电池一起为车辆提供能量；当车辆加速、上坡时，由于对能量的需求比较大，所以动力系统会和蓄电池一起为汽车提供能量；当车辆平稳行驶或者下坡时，由于对能量的需求比较少，所以辅助动力系统可以单独工作，为车辆提供动能，还能同时给电池充电。

2. 混合动力汽车的优缺点

（1）混合动力汽车的优点

混合动力汽车的优点要通过与传统内燃机汽车和纯电动汽车进行对比体现出来，如表9-3所示。

表9-3　混合动力汽车的优点

比较对象	优点
相较于传统内燃机汽车	（1）混合动力汽车在行驶过程中可以让能源与工况始终保持在最佳状态，从而降低油耗，帮助车主节省出行成本、汽车养护成本以及其他成本。 （2）内燃机总是在汽车工况处于最佳状态时为其提供动力，使燃料可以得到充分燃烧，减少尾气排放，达到节能减排的标准。 （3）混合动力汽车搭载了电池可以实现自供电，不需要外部供电系统，即便电池电量耗尽也能正常行驶，降低了对充电桩等基础设施的需求
相较于纯电动汽车	（1）随着相关技术不断发展，电池组的体积将变得越来越小，成本也会不断下降。在此形势下，混合动力汽车的成本与售价会不断下降，实用性会更强，相比纯电动汽车更具竞争力。 （2）混合动力汽车有两套动力系统，发动机与电动机可以实现能量互补。当车辆处于低速行驶时，主要由电动机为其提供动力；当车辆需要加速时，则由发动机与电动机共同为其提供动力，满足汽车在不同场景下的行驶需求

最重要的是，兼具了传统内燃机汽车与纯电动汽车优点，且弥补了二者缺点，使内燃机与电动机的工作效率都能够得到充分释放的混合动力汽

车更容易实现产业化与市场化。

（2）混合动力汽车的缺点

混合动力汽车的缺点如表9-4所示。

表9-4 混合动力汽车的五大缺点

序号	缺点
1	成本高、售价高，导致购车成本高，在价格上不具备太大优势
2	电池的使用寿命比较短，电池组老化后需要更换，更换费用比较高，进一步增加了用车成本
3	混合动力汽车使用两套驱动系统，整体结构比较复杂，故障发生概率比较高
4	混合动力汽车的保值性比较差，降价比较快，而且在二手交易时涉及电池组更换问题，成功交易的难度比较大，交易价格很难达到车主的预期
5	目前，混合动力汽车的核心技术——ECVT（Electronic Continuously Variable Transmission，电控无级式自动变速器）技术被丰田公司垄断，主要应用在丰田的混合动力车型上，其他厂家想要使用必须获得丰田的授权，这种技术垄断在很大程度上限制了混合动力汽车的发展

纯电动汽车工作原理与优缺点

纯电动汽车指的是完全以车载电源为动力的汽车，可以基本实现零排放，满足交通行业碳减排的需求，受到了广泛关注。由于电池是纯电动汽车唯一的动力源，所以电池的能量密度、使用寿命、能量输出效率等直接决定了纯电动汽车的性能。而目前由于电池包技术尚未成熟，所以纯电动汽车还没有大规模上市推广。下面对纯电动汽车的工作原理与优缺点进行具体分析。

1. 纯电动汽车的工作原理

经过研究机构与汽车厂商的不懈努力，纯电动汽车的关键技术——电池技术、电力驱动及控制技术、电动汽车整车技术、能量管理技术等均取得了重大突破,但由于整体造价比较高、电池的使用寿命比较短等,纯电动汽车尚未实现更好的发展。下面对纯电动汽车的关键技术进行具体分析,如表 9-5 所示。

表 9-5　纯电动汽车的四大关键技术

关键技术	主要功能
电池	是纯电动汽车的唯一动力源,所以电池技术的发展水平直接制约了纯电动汽车的发展
电力驱动及其控制技术	直接影响着纯电动汽车的性能,因为电池组提供的电能要通过电力驱动系统转化为动能才能驱动车辆行驶。在快速发展的信息技术和计算机科学的影响下,电动汽车的电力驱动与控制技术将逐渐向着智能化、数字化的方向发展,能为电动汽车的发展提供源源不断的支持与助力
电动汽车整车技术	可以使用精致的复合材料优化电动汽车的整体结构,减轻车辆自重,进一步提高车辆的动力性能
能量管理技术	可以对电池组的能量进行优化,辅之以汽车良好的机械性能与电动驱动性能,最大限度地提高纯电动汽车的性能

2. 纯电动汽车的优缺点

纯电动汽车有很多优点,也有很多缺点,具体如表 9-6 所示。

表 9-6　纯电动汽车的优缺点分析

项目	分析
优点	(1)污染小。因为纯电动汽车没有搭载内燃机,不燃烧汽油、柴油,所以不会排放含有二氧化碳、氮氧化物等成分的尾气,符合交通行业碳减排的要求。 (2)噪声小。传统燃油汽车噪声的主要来源是内燃机,纯电动汽车不搭载内燃机,噪声会小很多,可以极大地提高驾车与乘车的舒适感。 (3)纯电动汽车只搭载电动机,以电为能源,所以电控系统的结构更加简单,发生故障的概率比较小,维修比较方便。 (4)纯电动汽车使用的传动部件比较少,不需要车主耗费太多时间与精力进行保养。如果使用的是交流感应电机,基本不需要维修养护。 (5)相较于燃料电池汽车与混合动力汽车来说,纯电动汽车的能量转换效率更高

续表

项目	分析
缺点	（1）纯电动汽车需要充电桩，而目前我国充电桩建设速度远远滞后于纯电动汽车的发展速度，导致纯电动汽车充电比较困难。另外，纯电动汽车的充电速度比较慢，在很大程度上影响了人们的用车体验。 （2）纯电动汽车的巡航里程比较短，大多数纯电动汽车的续航里程大约为100～200千米，基本上只能满足日常通勤需求，无法长距离行驶。 （3）纯电动汽车的电池技术不够成熟，使用寿命比较短，更换成本比较高，而且受温度影响比较大，在气候寒冷地区，电池的蓄电能力会明显下降，导致车辆的续航能力大幅减弱

第10章
全球电动汽车产业的政策与实践

德国电动汽车产业的实践路径

交通行业是碳减排的重点行业之一,建立健全绿色低碳的交通行业发展体系是加快实现碳中和目标的关键。在"双碳"背景下,发展和使用绿色环保的交通方式已势在必行,交通电动化转型已经成为大势所趋。在此形势下,世界各国纷纷出台相关政策和文件支持电动汽车产业发展,大力推动电动汽车全产业链和生态建设,为我国发展绿色交通提供了参考。

作为汽车的诞生地,德国有着悠久的汽车生产历史和强劲的汽车工业实力,是世界著名的汽车工业强国。随着交通运输领域的碳排放量快速增长,发展新能源汽车已经成为全球各国的共识。2007年3月,欧盟提出《2020年气候和能源一揽子计划》,对气候和能源发展做出明确规划。由此,各国政府和车企纷纷加快电动汽车等新能源汽车的研发速度,并积极对电动汽车进行推广和应用。同年,德国通过了《综合能源与气候规划》,将降低碳排放确立为电动汽车产业的发展目标,2009年8月,德国批准了《国家电动汽车发展规划》,将电动汽车纳入国家战略。

在交通领域,德国将大量资金投入到对电动汽车等新能源汽车相关技术的开发和应用当中。具体来说,德国不仅大力发展燃料电池汽车、电池储能等技术，也在不断加快电池研发和生产的步伐，并确立了到2030年欧盟电动汽车电池产能占全球市场三成份额的目标。除此之外，德国还在大力推进充电基础设施建设，投入大量资金在全国建设快充电站和充电站，通过完善充电网络来确保实现无缝供电，充分满足电动汽车的充电需求。

德国机动车税为保有税，德国政府会根据车辆的发动机类型、发动机排量和二氧化碳排放量等情况确定税费额度。近年来，德国政府通过调整财税的方式为电动汽车等新能源汽车的发展和推广提供政策支撑。

例如，德国政府对"传统化石燃料汽车基于温室气体排放和发动机排放缴纳年度保有税"做出了相关规定，在2011年5月18日～2020年12月31日期间注册的纯电动汽车免征10年机动车税；2016年4月，德国政府发布购置补贴政策，与企业共同出资为电动汽车提供购置补贴，纯电动汽车和燃料电池汽车的单车补贴额为4000欧元，插电式混合动力汽车的单车补贴额为3000欧元；2020年11月，德国政府开始推行KfW440非公用充电桩补贴政策，每个充电点最高可以获得900欧元的补贴。

税收优惠政策和各项补贴政策的出台和落实推动了德国电动汽车行业的发展，使得电动汽车在德国迅速普及。根据德国汽车管理中心（Center of Automotive Management，CAM）统计的数据，2019年德国电动车销量约为10.8万辆，增长50%，位居全球第一。

英国电动汽车产业的实践路径

在汽车工业领域，英国拥有强大的技术创新能力，能够开发出影响世界各国的汽车设计方案，英国政府也意识到发展电动汽车是保护环境和能源安全的有效手段，因此十分重视电动汽车的发展。2020年11月，英国

《金融时报》报道称,为了降低碳排放量,英国将新汽油车与柴油车的销售禁令从 2040 年提前至 2030 年开始实施。

德勤会计师事务所预测,到 2030 年,英国将有大约 700 万辆电动汽车,需要为这些电动汽车配置大约 2.8 万座公共充电桩,但目前英国建设的公共充电桩仅有 1.35 万座。因此,英国不仅要通过发展电动汽车产业来推动节能减排和能源保护,而且要兼顾电动汽车配套产业的建设和发展。

英国电动汽车政策大致可以分为三个阶段,如图 10-1 所示。

第一阶段(1995～2008年)	英国政府推行交通拥堵费优惠政策和税收优惠政策
第二阶段(2009～2016年)	英国政府在第一阶段优惠政策的基础上增加了低排放区豁免和购置补贴政策
第三阶段(2017年至今)	英国政府先后发布《英国道路近旁氮氧化物减排计划》和《零排放之路》,逐步建立起将大部分使用场景的充电基础设施包含在内的激励政策,并明确了各项相关优惠政策和车辆的碳排放标准

图10-1　英国电动汽车政策的三大阶段

在英国,有汽车的家庭需要缴纳燃油税、购置税、保有环节税、交通拥挤税、车辆执照税等多种汽车税。为了鼓励新能源汽车推广应用,英国政府实行财税优惠政策,对新能源车辆免征购置税和保有环节税,对电动汽车免征交通拥堵税,2017 年以后,英国政府不断调整汽车税率,大力支持人们购置低碳排放量的汽车。

不仅如此,从 2011 年起,英国政府开始推行电动车补贴政策,且这一政策直至 2022 年 6 月才取消。根据欧洲汽车工业协会和智研咨询的数据，2019 年，英国的纯电动车销售量约为 3.8 万辆，同比增长 144%，插电式混合动力汽车的销售量约为 3.5 万辆，同比下降 21%。

日本电动汽车产业的实践路径

日本是全球主要汽车生产国之一，也是一个十分重视节能环保、积极发展节能技术的国家。1973 年爆发的石油危机使日本经济受挫，自此，日本开始调整产业结构和能源结构，推动各项产业向节能减排的方向转型，尤其是汽车行业，日本不得不通过开发电动汽车等新能源汽车来减轻对石油和煤炭等能源的依赖。

1998 年，日本颁布《应对全球变暖法》，以立法的形式要求全社会履行二氧化碳减排义务。2010 年，日本颁布《下一代汽车战略（2010）》，针对下一代汽车产业的发展明确了战略目标和行动计划。2014 年 11 月，日本发布《汽车产业战略（2014）》，为实现《下一代汽车战略（2010）》中的发展目标不断加快推进购置补贴和公共充电设施建设等规划的落地实施。

2018 年 3 月，日本组织成立"汽车新时代战略委员会"，并多次召开会议讨论日本汽车产业的未来发展问题，提出面向 2050 年的 XEV❶ 概念，推动日系乘用车电动化，力争到 2050 年实现从油井到车轮（Well-to-Wheel，WtW）全生命周期零排放。为促进电动汽车高性能电池的开发，2020 年 11 月，日本经济产业省通过发放补助金的形式来支持国内的新兴企业进行电池设备的研究和开发。

在全球能源转型的趋势下，日本出台多项扶持政策，不断优化新能

---

❶ XEV 是具有互联网思维的汽车实体制造品牌，主要从事高端智能纯电动乘用车、增材制造 3D 打印设备的研发、生产以及销售。

源汽车相关技术，并支持电动汽车等新能源汽车的生产和使用，提高纯电动汽车的市场渗透率。2009年4月，日本推出"绿色税制"，为纯电动乘用车和微型车等低碳排放、低燃油消耗的车辆提供免征购置税等多种税赋优惠。

此外，日本政府还不断加大对电动汽车充电设施建设的补助力度，大力支持电动汽车的推广普及。日本汽车工业协会的统计数据显示，2008年日本新能源汽车的年销售比例仅为2.6%，到2018年该比例已增至38%，并且在持续增长。由此可见，在各项政策的支持下，日本国内的新能源汽车销量大幅增长，汽车电动化趋势也越来越明显。

我国电动汽车产业的实践路径

2001年10月，为支持新能源汽车产业发展，我国投入大量研发资金正式启动"863"计划电动汽车重大专项，自此，我国新能源汽车产业的发展可以划分为三个阶段，分别是战略规划期（2001～2008年）、导入期（2009～2015年）和成长期（2016年至今）。现阶段，我国新能源汽车产业进入成长期，三电（电池、电机、电控）系统的相关技术日益成熟，整个产业链呈现出高质量、高效率、市场化、产业化、国际化的发展趋势。总体来看，我国新能源汽车产业有着巨大的发展空间和良好的发展前景。

1. 我国电动汽车产业政策

从国家战略来看，2012年6月28日，国务院印发并施行《节能与新能源汽车产业发展规划（2012—2020年）》，提出"到2020年，纯电动汽车和插电式混合动力汽车生产能力达200万辆、累计产销量超过500万辆"的发展目标。为了推动新能源汽车产业高质量发展，加快建设汽车强国，2020年11月2日，国务院办公厅发布《新能源汽车产业发展规划（2021—2035年）》，为新能源汽车产业的未来发展提供战略指导。

在财税政策方面，自2013年以来，工业和信息化部多次联合各部委发布相关政策文件，通过调整汽车购置补贴来改变新能源汽车产业的市场发展趋势。2020年4月，财政部、工信部、科技部和发改委联合发布《关于完善新能源汽车推广应用财政补贴政策的通知》，对新能源汽车的购置补贴标准、技术指标要求进行了规范，并将购置补贴的截止时间延长至2022年12月31日，同时补贴退坡力度和节奏也逐渐放缓，2020—2022年补贴标准分别在上一年基础上退坡10%、20%、30%，明确未来的补贴规模为每年200万辆。

在充电设施建设方面，2018年11月，发改委、能源局、工信部和财政部联合印发《提升新能源汽车充电保障能力行动计划》的通知，鼓励地方将财政充电基础设施补贴从补购置转向补运营，进一步推动整车行业与充电设施建设运营行业的合作，推动充电基础设施产业走向多产业融合发展。根据中国充电联盟的最新数据，2022年1～3月，我国充电基础设施增量为49.2万台。其中公共充电基础设施增量同比上涨96.5%；随车配建充电设施增量持续上升，同比上涨538.6%。截至2022年4月，全国充电基础设施累计数量为332.4万台，同比增加81.9%。

2. 我国电动汽车产业的发展现状

近年来，我国电动汽车产业迅速发展，正逐渐从培育期过渡到发展期，并驱动全球汽车产业加速绿色低碳转型。与此同时，我国电动汽车市场规模正在迅速扩张，公共充电基础设施建设也在持续稳步推进。从技术上看，目前我国在电动汽车的"三电"底层技术方面已经实现自主可控，整车技术也在飞速发展。

随着我国动力电池技术的快速发展和产销规模的不断扩大,我国动力电池产业整体呈现出高速增长的发展趋势,国际竞争力越来越强,逐渐成为走在世界前列的关键产业,具体表现如表10-1所示。

表10-1 我国动力电池产业三大先进领域

领域	具体表现
正极材料	正极材料是能够影响电池的能量密度、使用寿命和安全性等多项性能的关键材料,我国通过将磷酸铁锂、低镍三元材料等正极材料转为高镍三元材料的方式提高了动力电池系统的能量密度,满足新能源汽车的带动需求
电机	随着我国新能源汽车驱动电机技术和产业不断发展,驱动电机等主要材料和器件已基本实现国产化,并呈现出集成一体化、永磁高效化、数字智能化的发展趋势
电控核心器件	我国已经掌握了大功率器件测试应用、模块封装设计和制造、沟槽栅场终止型 IGBT 芯片设计和制造等关键技术和工艺,在产品性能和封装方面已经达到国际水平,车规级 IGBT 也已经广泛应用于新能源汽车领域

3. 我国电动汽车产业的政策建议

作为汽车生产和消费大国,近年来,我国电动汽车产业发展迅速,工信部在"新时代工业和信息化发展"系列主题新闻发布会上表示,我国新能源汽车产销量已连续7年位居全球第一。在未来发展过程中,电动汽车产业仍然需要各领域协调配合。同时电动汽车的普及应用也将成为我国发展绿色交通的重要推动力,这将进一步加快我国实现碳中和目标的步伐。

(1)继续强化顶层设计和战略规划

目前,我国正在逐步减轻财税政策的支持力度,为了确保电动汽车财税支持政策体系的稳定性,我国政府需要不断优化财税支持体系,合理利用中央财政资金促进电动汽车的推广和普及,同时也要支持金融机构创新绿色信贷、绿色基金等,通过绿色金融推动电动汽车产业发展。

(2)加快新技术研发与革新

我国应加强对动力电池、操作系统等关键核心技术的创新和研发,并参考其他国家的电动汽车发展经验,充分利用资源,加速推进对生产工艺、生产设备、动力电池材料和电池管理系统等相关技术、工艺和应用的研究,不断优化锂离子电池技术,加强对新型电池产业化技术的攻关,加快解决技术难题,提高我国在电动汽车领域的国际竞争力。

(3)完善充电基础设施建设及规划

为了满足电动汽车的充电需求,我国应持续加强充电基础设施建设。一方面,我国要加强用地供给保障,明确配建要求,并在停车场、公交场站、社会公共停车场、高速公路服务区等场所建设充电设施。另一方面,我国要在产业发展初期为充电基础设施建设提供资源和技术等方面的支持,还应在充分考虑运营收益和用户使用经济性等问题的基础上,明确充电服务费标准,不断调整优化充电服务的价格体系。

第四部分 | 大数据交通

第11章
数据智能：赋能城市交通精准治理

交通大数据：赋能智慧城市建设

随着经济快速发展，我国汽车保有量迅速增长，虽然交通基础设施建设也在同步进行，但远远无法满足快速增长的交通需求，交通资源的供需矛盾日益突出，整个交通行业面临着严重的交通拥堵、交通污染、停车难、交通事故频发等问题，对我国社会稳定、经济的可持续发展造成了不良影响。解决这些交通问题已经成为交通管理部门目前工作的重中之重，也是智慧交通建设的重点。

智慧交通以智能交通为基础，以物联网、空间感知、云计算、移动互联网等技术为依托，通过对城市大数据进行深入挖掘与应用，对交通运输管理、公众出行、交通建设管理的全过程进行把控，提高交通系统的通行效率，解决交通拥堵、交通事故频发等问题，进而助推智慧城市管理体制与机制创新，为智慧城市建设提供强有力的支持。

1. 智慧交通：智慧城市建设的重要基石

交通是一个城市的大动脉，是智慧城市建设的重要组成部分。智慧交通可以创建新一代综合交通运行协调体系，促使人、车、路、环境实现协调运行，从而缓解交通拥堵，使道路的通行能力得到最大化释放，大幅提升城市交通系统的运行效率，为智慧城市建设奠定良好的基础。具体来看，智慧交通对智慧城市的支撑作用主要表现在以下四个方面。

（1）交通流量分析和态势分析系统

交通流量分析和态势分析系统可以对城市道路的拥堵情况进行实时分析，将分析结果通过诱导发布系统发布出来，让有出行需求的居民实时了解目前各个道路的拥堵情况，从而合理地规划出行路线。此外，交通诱导发布系统还可以向正在路上行驶的车辆发出"前往路段出现异常情况，请绕行"的提醒，防止车辆进入异常路段发生危险。

（2）卫星定位导航监控系统

卫星定位导航监控系统可以对旅游包车、三类以上的班线客车和运输危险化学品、烟花爆竹、民用爆炸物品的道路专用车辆进行动态管理，包括跟踪定位、实时调度，在车辆超速行驶、绕道行驶时及时发出提醒，提高车辆的响应速度，在必要时可以对车辆进行应急指挥调度，提高车辆管理水平，为车辆的安全行驶以及道路安全提供强有力的保障。

（3）公交车监管系统

公交车监管系统可以对公交车内的情况进行实时监控，判断乘客有无逃票、有无做出威胁车辆行驶安全以及其他乘客人身财产安全的行为，监控司机有无窃取票款的行为等，保证车辆行驶安全。如果公交车在行车过程中发生交通事故，公交车监管系统还可以辅助交警判定事故责任，提高公交车辆的管理水平与效率，从源头解决公交车辆运营"看不见、听不着"的问题。

（4）城市停车诱导管理系统

城市停车诱导管理系统可以利用网络化、智能化手段对路边停车资源与非路边停车资源进行综合管理，通过手机 App 或者路边的车位诱导屏向驾驶员提供附近的停车位信息，并通过路径诱导引导驾驶员快速到达停车位，减少驾驶员寻找停车位所消耗的时间，提高停车效率。同时，城市停车诱导管理系统还可以规范收费流程，实现自主停车缴费，简化收费员的工作。

除此之外，作为智慧城市建设的基础性工程，智慧交通系统还可以为人们提供全面的出行信息，为交通管理部门提供丰富的信息，辅助其做出科学的管理决策，对人、车、路进行统一管理与调配，切实提高道路通行能力以及人们的出行效率。

2. 大数据：智慧交通发展的基础

智慧交通的实现需要全面利用物联网、空间感知、云计算、移动互联网等技术，对交通管理、交通运输、交通建设管理、公众出行等领域进行全方位管控，全面拓展交通系统的感知、互联、预测、分析与控制能力，使交通基础设施的效能得到充分发挥，全面提升交通系统的运行效率，为公众出行提供快捷、安全、优质的交通服务，为经济的可持续发展提供强有力的保障。

智慧交通上述功能的实现以及综合性、立体化交通信息体系的创建都离不开对交通大数据的挖掘与使用。交通大数据不仅可以突破行政区域的限制实现共享，充分发挥数据的集成优势与组织效率，还可以对交通资源进行优化配置，提高交通预测的准确性，为驾驶员提供丰富的信息以保证行车安全。

因为交通大数据具有虚拟性，所以可以实现跨区域管理，前提是数据使用的各方要遵守信息共享原则。交通大数据将不同区域、不同领域的数据整合到一起，构建公共交通信息集成利用模式，通过对各类数据进行深度挖掘发现一些有价值、可利用的信息，辅助交通管理部门制定合理的交通管理策略，一方面可以减少交通管理部门在各项事务中的人力投入，另一方面可以提高道路交通资源的利用率。例如，通过对气象数据、交通数据、保险数据进行整合挖掘，可以为交通领域的防灾减灾提供有效指导。

因为大数据具有实时性，所以智能交通系统不仅可以高效地处理实时获取的交通数据，还可以对静态的交通数据进行智能化处理，为交通系统的高效稳定运行提供强有力的支持。大数据技术还可以凭借强大的预测能力降低误报、漏报的概率，对各条道路的交通情况进行动态监测，对各条道路发生交通拥堵的概率做出精准预测，并将相关信息及时提供给居民，辅助居民合理地规划出行路线。另外，应急救援系统的应用可以极大地提高交通事故的应急处理效率，为交通安全提供强有力的保障。

交通大数据的类型与研究方向

随着汽车保有量快速增长，交通拥堵已经成为我国各个城市面临的共同问题。为了缓解交通拥堵，人们向上建造立交桥，向下发展地铁，各种措施层出不穷，但问题依旧存在。进入大数据时代，人们开始将大数据视为缓解交通拥堵的新型武器。从理论上来讲，大数据技术的应用可以洞察城市居民的出行规律，为交通精准管理提供科学依据，有效解决城市交通面临的各种问题。同时，城市交通大数据的挖掘使用还能催生信息消费新模式，对信息消费产业的发展产生积极的推动作用。

近年来，随着车联网、交通物联网不断发展，车载传感器、道路摄像头等信息捕捉设备越来越多，人、车、路等信息都可以实现实时采集，这使得城市交通大数据越来越丰富。在大数据、云计算、物联网等技术的支持下，交通管理部门可以对规模庞大的交通大数据进行深入挖掘、分析与使用，创建一个统一的交通管理平台，促使交通企业运营管理、交通行政监管、交通市民服务实现一体化。

1. 交通大数据的两大类型

城市交通大数据可以分为两大类：一类是静态交通大数据，另一类是动态交通大数据。

（1）静态交通大数据

静态交通大数据包括四类，如图 11-1 所示。

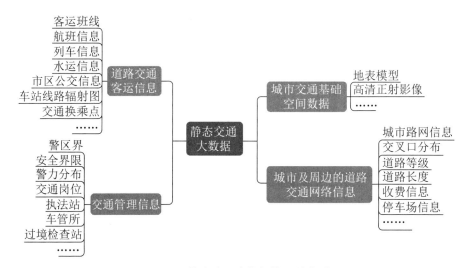

图11-1　静态交通大数据的四种类型

（2）动态交通大数据

动态交通大数据的来源比较广，类型多种多样，根据不同的标准可以划分为不同的类型，如图 11-2 所示。

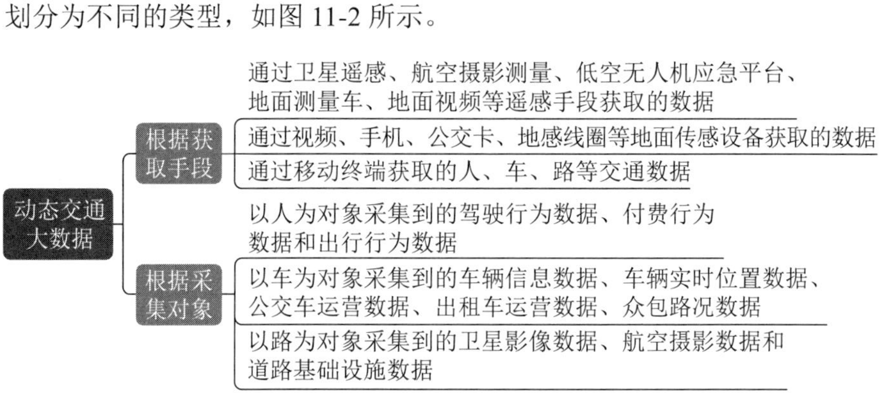

图11-2　动态交通大数据的类型划分

2. 交通大数据的主要研究方向

城市交通大数据的挖掘使用不仅可以解决交通问题，还能对智慧城市建设产生积极的推动作用。城市交通大数据的类型比较多、动态多变、高度随机、生命周期较短、时空跨度比较大，这些特点既赋予了城市交通大数据较高的价值，也增加了城市交通大数据的开发难度。所以，如何高效地集成并利用交通大数据，为智慧交通建设助力，进而推动智慧城市建设，是目前各个城市面临的共同问题。

目前，关于城市交通大数据的研究主要集中在以下几个方面。

（1）大数据多尺度汇聚计算和动态图谱

因为交通大数据的生命周期比较短，所以城市交通系统对交通大数据收集、整合、处理的时效性提出了很高的要求，仅凭现有的数据融合与处理技术很难满足这一要求。另外，交通大数据虽然种类多、规模大，但价值密度比较低，需要进行深度处理与挖掘。为了解决这两个问题，亟须开发一种新的大数据处理理论与方法，于是研究人员提出了时效约束的大数据多尺度汇聚计算和动态图谱。

（2）高维空间的隐性知识序贯挖掘与演化模型

人、车、路等交通主体以及交通行为、交通态势、交通环境、路网拓扑相互交织，形成了一个高维空间，空间内的所有要素都存在高度非线性、随机性和动态耦合关系。交通系统的运行发展会表现为交通态势，如果管理人员能够准确把握交通态势及其演化规律，就能解决交通拥堵问题。

但想要从这个高维空间获取所需信息并非易事，凭借传统的交通理论难以实现，为此研究人员提出高维空间的隐性知识序贯挖掘与演化模型，希望借此对高维空间进行探索，对交通环境与交通行为进行拆解，发现交通出行规律及其时空演化趋势、大面积交通拥堵演变规律，为各类交通问题的解决提供支持。

（3）交通态势的预测机理与调控策略

交通态势作为城市交通系统运行状态的体现，受到了很多因素的影响，包括交通需求、网络拓扑、多交通子系统、环境、管理和调控策略等，具有时变性、不确定性以及影响因素之间存在相关性等特点，很难被预测和干预。为了解决这一问题，研究人员聚焦交通态势的预测机理与调控策略研究，致力于为交通态势的预测分析与控制提供新方案。

交通大数据的核心技术体系

在城市交通快速发展的过程中，城市交通大数据的采集规模必将大幅增长，如何对这些交通大数据进行高效处理成为亟须解决的重要问题。具体来看，城市交通大数据处理可以采取以下几种技术。

1. 基于 Hadoop 框架的 MapReduce 模式技术

Hadoop 是 Apache 基金会开发的分布式系统基础架构，可以借助集群功能对海量数据进行高速处理与存储。Hadoop 有两个核心应用，一是 HDFS，主要负责对海量数据进行存储；二是 MapReduce，主要负责对海量数据进行计算。其中，HDFS 具有高容错的特点，可以应用于没有太多预算的硬件。此外，HDFS 的传输速率比较快，可以提高数据访问速度与效率，非常适合应用于拥有超大数据集的应用程序。

2. 数据仓库技术

数据仓库（Data Warehouse，DW）是比尔·恩门（Bill Inmon）在 1990 年提出的一个概念，从字面意思来理解就是存储各类数据信息的场所，这些数据的主要功能就是为企业决策提供有效支持与科学指导。所以，数据仓库指的就是为企业所有级别的决策制定提供所有类型数据支持的战略集合。

数据仓库具有集成性、稳定性和时变性等特征，主要功能是利用数据仓库理论所特有的资料存储架构对企业在多年经营过程中积累的各种资料进行处理，为线上分析处理、数据挖掘等的应用提供辅助，为决策支持系统、经理信息系统等的创建提供支持，帮助决策者从海量信息中快速获取有价值的信息，制定更加科学的决策，对外部环境变化做出快速响应，从而实现商业智能。

3. 中央数据登记簿技术

在中央数据登记簿技术的支持下，交通管理平台可以对各类数据进行统一管理，为用户提供综合交通信息服务，包括人、车、路等交通信息的数字化表示与交互，适用于综合交通环境的数据字典与消息模板，交通数据项定义规则、注册和管理机制等。

4. 平台 GIS-T 应用技术

GIS-T（Geography Information System-Transportation，交通地理信息系统）是以传统的 GIS 为基础，融入几何空间网络概念，辅之以线性参照、动态分段、交通建模等手段创建的一个专门的系统，是 GIS 在交通领域应用的一种综合技术，可以为交通信息服务提供高效的信息查询、海量信息存储等功能，利用 WebGIS 引擎可以让用户轻松获取交通信息服务。

5. 基于非序列性数据操作技术

基于非序列性数据操作技术需要对两项技术进行集成应用，一项是虚拟化环境，另一项是流数据处理技术，利用网络对服务器的内存空间进行整合，形成一个容量超大的虚拟内存，然后为其配置数据，最大限度地提高现有设备资源的利用率，对获取的数据进行实时处理，做出实时反馈。

6. 视频大数据处理技术

视频大数据处理技术可以对交通领域专用的视频监控系统进行整合，对交通视频、站台视频、客运站视频、高速公路视频、社会治安视频、车载视频等多种视频资源进行统一接入、统一转码、统一分发、统一管理和统一运营，切实提高视频监控效率，同时拓展更多增值性服务，将视频监控系统的功能充分发挥出来。

7. 大数据预处理技术

大数据预处理技术指的是根据具体的业务规则对接入平台的数据进行深度处理，包括对接入平台的数据进行清洗，剔除虚假数据、无价值的数据等，并对数据的有效性进行检验，将剩余的有价值的数据放入数据库。数据清洗完成后，相关人员可以利用大数据标准化处理技术从数据库中提取需要的数据，根据业务规则对数据格式进行转换，用平台定义的标准格式对数据进行存储、管理。

8. 大数据融合处理技术

大数据融合处理技术指的是基于多源交通信息融合方法，对神经网络、贝叶斯网络等特征融合技术、目标机动信息处理技术、多目标跟踪的信息融合技术进行集成应用，通过多源信息提取、信息预处理、融合处理、目标参数获取、状态估计等环节实现多源交通大数据信息融合，为交通信息系统的稳定运行提供强有力的保障。

具体来看，多源交通大数据信息融合可以分为三个层级，如表11-1所示。

表 11-1 多源交通大数据信息融合的三个层级

层级	具体表现
数据级融合	对交通数据进行预处理，在各类数据之间建立简单关联
特征级融合	根据现有的交通数据的特征对交通参数进行预测
状态级融合	根据现有的交通流信息对交通运行状态进行预判

9. 实时数据分发订阅技术

交通大数据的数据量比较大，时效性比较强，每时每刻都在更新，需要整合其他系统的实时数据，包括浮动车辆的 GPS 数据、城市道路的路况分析数据、省道路运政信息系统卫星定位数据等。这些数据的收集与整合需要通过实时数据分发订阅技术来实现。

10. 大数据挖掘技术

大数据挖掘技术其实是一种数据处理技术，具体来说大数据挖掘就是从海量、有噪声、随机、模糊的数据中提取有价值信息的过程。多源交通大数据挖掘就是如此，只是过程比较复杂，需要经过问题定义、数据准备、数据分析、模式评估等多个环节，每个环节的任务都很艰巨，一个环节没有达到预期目标就要回到上一个环节，这就对大数据挖掘技术提出了较高的要求。

基于大数据的智能交通应用系统

大数据的智能交通应用系统是在交通大数据中心、云计算支撑平台的基础上，利用基于决策树—支持向量机的多源异构交通信息融合技术、基于 SOA（Service Oriented Architecture，面向服务的体系结构）的交通信息基础数据服务设计、ZigBee 无线传感器网络技术、基于移动互联网的交通信息应用服务设计、基于机器学习的行程时间预测、基于位置服务的行人交通信息服务技术等搭建的智能应用系统，主要功能是从海量交通数据中获取实时的交通信息，对历史交通数据进行挖掘，根据挖掘结果对交通系统未来的发展情况做出预测，为智能交通决策提供有益指导。

交通大数据的智能应用系统可以在政府、企业、公众间共享数据，在大规模数据采集、实时处理与分析、突发事件应对方面具有明显优势，可以降低系统运行成本，提高系统运行效率，具体应用如下。

- 为政府部门的交通监管提供精准的地理信息以及多元化的服务支持，包括交通管理服务、应急响应服务、路边车位以及公共交通监管服务等。
- 满足公众通过智能手机获取交通信息服务的需求，为其提供地理信息服务、实时路况服务、交通信息服务、实时车辆信息服务、交通诱导信息服务、停车诱导信息服务等。同时，这类应用还可以反向获取公众的日常出行信息，进一步丰富交通大数据。
- 为企业提供信息增值服务，包括精细的地理信息服务、商业数据分析等。如果是公交车运营公司，还能享受到公交车辆调度服务以及决策支持。

具体来说，基于大数据的智能交通系统主要包括以下几个方面。

1. 数据应用系统

① 大数据技术可以对交通系统进行全方位监管。在大数据技术的支持下，智能交通系统可以对道路上的行人、机动车、非机动车等主体进行动态监控，极大地拓展了监控范围，可以获取更丰富、全面的信息，为交通管理提供充足的信息支持。

② 大数据技术的多样性决定了其在交通领域应用的手段也富有多样性。在大数据技术的支持下，智能交通系统可以通过多种方式对道路交通情况进行监测，及时发现道路交通系统运行过程中存在的问题，保证交通系统始终能够以良好的状态运行。

2. 通信应用系统

① 大数据技术在智能交通领域的一个重要应用就是快速传输各类交通数据，对交通运行情况进行实时监测，发现问题并及时解决，保证交通系统健康运行。因为智能交通系统需要实时采集数据、传输信息，所以对网络通信能力提出了较高的要求。

为了保证大数据技术的应用效果能够得到充分发挥，相关单位应该根据大数据的应用需求建立不同性质、不同通信距离的传输网络，包括有线传输网络、无线传输网络等，还可以根据大数据技术在数据通信领域的良好应用创建一个交通数据、系统平台与其他网络主体相交互的通信网络，提高交通系统的通信效率，保证通信安全。

② 在大数据技术的支持下，智能交通系统可以存储、传输、处理大规模数据，构建一个综合性的交通信息处理平台，为该平台的管理与维护、为交通系统的稳定运行提供源源不断的数据支持。

3. 服务应用系统

在大数据技术的支持下，智能交通系统可以提高服务水平与综合服务能力。智能交通系统创建的一个初始目标就是为交通运输主体提供高质量的交通服务。在大数据技术的支持下，智能交通系统可以为交通运输主体提供基础性交通信息服务与建立在类型丰富的数据基础之上的高阶服务，从而满足交通运输主体对交通信息服务的多元化需求。

第 12 章
应用场景：大数据交通的实践路径

场景 1：智慧交通提供决策支持

城市交通大数据的行政监管与科学决策需要通过三个步骤来实现，如图 12-1 所示。

第一步	• 对各类城市交通数据进行整合，研发 MapReduce 框架下的海量交通流融合与预测算法，对交通行为主体的主动性与随机性进行充分考虑，尽量提高交通系统行为预测的准确度，从行为生成的角度对城市公共交通系统进行等价描述
第二步	• 深度挖掘城市公共交通管理与运营需求，基于这些需求对各种可能情况下的交通场景进行设想，包括正常情况下的交通环境、恶劣天气下的交通环境、发生交通事故之后的交通环境等
第三步	• 让人为模拟的交通系统与现实生活中的交通系统进行交互运营，对交通系统运行过程中产生的各类数据进行分析，对各个交通系统的调度方案进行演练，满足交通管理者与出行者对交通服务信息的需求

图 12-1　城市交通大数据行政监管与科学决策的三大步骤

在公共交通运行规划制定方面，大数据技术可以发挥重要作用。在传统模式下，公共交通运营公司需要在交通起止点调查、交通数据收集方面投入大量人力、物力。进入大数据时代，随着一卡通的广泛使用，公共交通运营公司可以方便、快捷、精准地掌握各类交通数据,为公交车线路调整、运行班次的增减提供科学依据。

1. 交通云计算服务平台

城市公共交通云计算服务平台由应用层、平台层、统一资源层和物理层构成,打造了一个开放式的可扩展的公共交通管理系统,为新的交通管理方案的落地提供了极大的便利。借助交通管理云提供的多元化的服务,控制中心对交通控制代理的运行流程进行持续优化,使系统性能不断提升,促使更多城市交通控制系统接入交通管理云,不断扩大交通数据的采集范围,在更大范围内实现数据与服务的共享。

2. 基于海量交通检测数据的融合与预测

交通管理部门想要精准预测交通流,首先要基于海量交通数据建立交通流模型,然后使用混合高斯模型(Gaussian Mixture Model,GMM),利用最大期望算法(Expectation Maximization Algorithm,EMA)计算模型参数,并在 MapReduce 架构下对最大期望算法进行并行处理,最后借助云计算平台实现算法的分布式运行,对海量交通数据进行实时处理,提高数据处理速度与效率,进而提高模型参数的学习速度与效率。

3. 基于平行交通的计算实验平台

平行交通指的是现实的交通系统与人工模拟的交通系统同步运行,交通管理人员通过在人工模拟的交通系统上开展各种实验,观察交通系统的发展趋势,从而对现实的交通系统进行分析与预测。

人工模拟的交通系统开展实验时使用的算法和工具与现实的交通系统使用的算法和工具相同,包括各类学习策略与优化算法、对各交通场景提供特定支持的专用算法模块、定性与定量计算实验评估算法等。在这些算法工具的支持下，实验人员可以对实验过程与结果进行动态分析与评估，并结合具体的评价指标对评价结果进行实时更新。

4. 构建交互运行的"平行系统"

以涵盖了现实交通系统与人工模拟的交通系统的平行交通系统为基础，对城市公共交通系统的运行状态及公交系统未来发展形势的预测情况进行评估，对正常情况下、增强需求的情况下、遇到突发事件情况下的交通管理方案进行评估与优化，然后将管理方案在现实的交通场景中落地应用，观察方案实施效果，重点分析交通疏散任务完成效果、交通影响程度等，建立综合评价指标体系，对管理方案在不同情境下的实施效果进行全方位评价。

综合利用传统媒体和移动互联网媒体，包括手机客户端、公交电视、电子站牌、Web网站、调度客户端、监控客户端等，为政府管理人员、公共交通运营公司、公交乘客提供基于位置的公共交通服务信息，辅助公交运营公司做好车辆调度，辅助政府部门做好监管，带给乘客更便捷的乘车体验。

场景2：公交智能调度管理系统

在公交车辆调度方面，公交运营公司可以集成应用GPS定位技术、5G通信技术、地理信息系统等技术，辅之以对车辆的动态监控制定公交车智能调度方案，提高公交车运行效率，缓解城市道路的拥堵问题。

基于交通大数据的公交精细化调度与管理系统，在公交车、站台部署大量物联网设备，包括公交要素标识标签、公交车载信息中心等，对车辆运行状态、行驶路线、行驶速度、客流量、站点乘客等待情况等信息进行实时采集,并及时将信息上传至公交大数据处理分析平台,利用大数据技术对这些信息进行快速分析与计算,形成各类数据应用,辅助公交公司优化车辆调度,辅助政府管理部门做好监管,为乘客提供个性化的信息服务,彻底解决公交车报站不准确、发车班次与客流不匹配、车距监管难、公交站点维护不及时等问题,切实提高城市公交服务水平。

具体来看,基于交通大数据的公交精细化调度与管理系统主要由三大部分构成,如表12-1所示。

表12-1 基于交通大数据的公交精细化调度与管理系统的三大结构

组成部分	具体内容
城市公交状态感知层	使用公交车载信息系统、司机信息显示屏、智能手机等设备采集公交车辆运行过程中产生的各类数据,对公交车辆运行状态进行动态感知,同时还能获取城市公交信息服务层提供的各类信息
城市公交大数据处理层	城市公交状态感知层采集到的各类数据会传输至城市公交大数据处理层,接受大数据技术的分析与处理,形成各类数据应用,为城市公交信息服务层各类应用的运行、各种服务的落地提供数据支持
城市公交信息服务层	利用公交电视、电子站牌、App等媒介为乘客、公交公司、政府管理部门提供多元化的服务,解决公交运行过程中存在的各种问题,提高城市公交运行效率与服务水平

场景3:个性化交通服务平台

基于城市交通大数据的个性化服务平台以交通大数据处理为核心,对各类交通信息进行整合,利用大数据技术对收集到的交通数据进行清洗、挖掘、融合与存储,为交通管理部门决策以及公众出行提供个性化的信息服务。

具体来看,基于城市交通大数据的个性化服务平台由三个细分平台构成,一是基础信息综合平台,主要功能是采集并整合各类交通数据;二是大数据智能处理平台，主要功能是对交通数据进行深入挖掘与分析；三是交通信息服务平台，主要功能是为交通管理部门及公众提供信息服务。下面对这三个细分平台进行具体分析。

1. 基础信息综合平台

基础信息综合平台是智能交通系统的信息枢纽，会按照既定的编码规则与格式采集各个子系统中的交通信息，对这些信息进行处理，将其转换成可以直接使用的综合交通信息，并为这些信息的接入与分发提供标准的接口，源源不断地为交通信息发布提供可用的数据。

基础信息综合平台的主要功能是数据采集与处理，会将处理之后的数据传输至数据管理层。数据管理层会利用先进的数据库存储数据，提供数据存取访问、数据访问控制、数据共享等服务，并与个性化服务平台的其他层保持交互，无障碍地传输各类数据与信息。

2. 大数据智能处理平台

大数据智能处理平台是利用大数据技术对收集到的交通数据进行处理，结合交通系统的实际运行状况，创建综合交通模型，统一数据接口与规范，并在此基础上对交通大数据接入与融合技术、大数据安全与管理技术、大数据处理与挖掘技术等进行研究，创建市区综合交通信息中心，拓展更多交通信息服务，为交通管理部门的决策提供数据支持。

3. 交通信息服务平台

交通信息服务平台主要利用基础平台和数据智能处理平台发布经过处理的交通信息，通过移动互联网、传统网站、电话热线、电子站牌、交通诱导屏、广播电视、公共信息亭、导航仪等媒介为公众提供个性化的交通信息服务，还能为不同的信息发布渠道提供配套软件支持。其功能具体分析如下。

（1）基于移动互联网的信息服务

交通信息服务平台以 4G、5G 等移动互联网技术为依托，可以获取用户的位置信息，为用户提供基于位置的信息服务，还支持用户通过手机 App 快速获取交通信息服务，包括实时的公交信息、地铁信息、最佳出行路线、停车场的位置信息、客运班线等。

（2）基于传统互联网的信息服务

交通信息服务平台可以通过多种渠道全面采集交通信息，对交通信息进行深入挖掘与分析，打造一个一体化的交通信息服务发布平台，为用户提供多元化的交通信息服务，包括实时路况查询、停车场动态查询、航班动态查询、列车动态查询、地铁信息查询、交通咨询、车辆预订等，帮助用户实时了解交通状况，制定科学的出行方案。

基于传统互联网的信息服务主要通过电子站牌、交通情报板、广播电视、公共信息亭等媒介实现。各媒介的功能如表 12-2 所示。

表 12-2 传统互联网信息服务各媒介的功能

媒介	具体功能
电子站牌	可以展现途经该站点的所有公交车辆的位置信息，帮助乘客估算公交车到站时间，以免长时间等待
广播电视	可以为乘客播报综合交通服务信息
公共信息亭	主要为乘坐公共交通工具出行的人员提供自助式的交通信息服务，即当出行人员想要了解某些交通信息时，可以通过公共信息亭中的触摸屏点击查询

（3）真三维动态导航与智能预警服务

智能导航系统将逐渐用真三维导航替代传统的二维虚拟导航系统，为用户呈现真实的高分辨率的影像。三维导航地图需要借助信息通信技术对获取的三维空间数据进行处理，将现实世界以立体化的方式呈现出来，这是其与二维导航地图的本质区别。

真三维动态导航地图会根据实地采集的实景资料，将道路景象以极尽真实的状态通过导航仪动态地呈现出来。对于路况复杂、经常发生交通事故的十字路口、弯道等区域，真三维动态导航地图会利用高清影像，结合几何模型计算出大车拐弯的死角范围，并根据车身长度与车辆性能对车辆安全通过拐弯的可能性做出判断，并将判断结果反馈给司机，供司机做出决断。在驾驶员途经事故多发地时，真三维动态导航地图会发出警示，提醒司机注意安全，防止交通事故发生。

场景4：交通行为分析与预测

未来，在物联网、云计算、大数据等技术的支持下，城市交通管理各部门之间的行政壁垒将逐渐被打破，交通大数据的采集渠道以及采集范围将大幅拓展，采集到的所有数据将整合到一个统一的平台上，由该平台同时为政府部门提供交通行政监管服务，为企业和大众提供交通信息服务，使城市交通运营管理水平以及综合服务水平得到大幅提升。

1.交通基础设施数据提取及实时更新

交通管理部门可以利用大数据技术对交通基础设施的遥感影像进行分析，从中发现交通基础设施的变化，将相关数据输入交通大数据中心的数据库，实现交通基础数据的实时更新，保证为用户提供的道路信息的准确性，整个过程如表12-3所示。

表12-3　交通基础设施数据提取与更新的四大步骤

步骤	具体操作
1	利用无人机、雷达等设备获取道路的高分辨率影像，从中提取路面、路灯、路牌、井盖、环岛、绿化带、大车拐弯死角带等信息

续表

步骤	具体操作
2	借助路侧行道树、植被指数、形状指数和数学形态学等知识获取道路线,然后利用 GIS 技术计算道路面积
3	使用面向对象的遥感影像分类方法对遥感影像进行分割,去除没有价值的影像,获得同质对象
4	通过不同尺度的转换构建丰富的影像层次,提取不同道路的特征信息,将这些信息整合在一起创建道路知识库,为道路信息提取提供方便

2. 基于大数据的驾驶行为分析与预警

交通管理部门利用道路摄像头、车载传感器等设备对行驶中的车辆进行监测,对获取的数据进行分类处理,可以实现驾驶行为分析以及指挥、调度、预警等功能,具体如表 12-4 所示。

表 12-4　基于大数据的驾驶行为分析与预警的实现过程

实现过程	具体操作
1	利用 GPS、北斗卫星导航系统采集车辆的位置信息,对车辆的行驶状态进行动态监测,将车辆行驶轨迹在 GIS 系统上呈现出来,从而实现对车辆的实时追踪
2	将车辆的历史运行数据记录下来,并进行自动统计与分析,为管理人员制定管理决策提供必要的支持
3	利用大数据技术对海量行车数据以及驾驶行为数据进行计算,根据计算结果创建相应的模型,根据驾驶员的出行习惯,从出行路线、驾驶行为等角度对驾驶员进行评估,从而实现新车车主驾驶行为纠正、车主行车行为自诊断等功能

3. 基于大数据的群体出行分析

交通管理部门可以根据交通大数据对群体出行行为进行分析,对出行时间、出行路线、出行方式等进行预测,为车辆调度、红绿灯调整、人员部署等决策的制定提供辅助。同时,交通管理部门对群体出行行为的预测也能指导个人合理地规划出行时间与出行路线,避开出行高峰,节省在途中消耗的时间。

城市智能交通大数据平台借助5G、云计算等技术为移动互联网时代的智能交通服务提供支撑，可以大规模采集用户移动终端的数据，对这些数据进行深入挖掘并据此进行智能推送，基于实时的数据分析为用户提供路线导航、停车引导等服务，打造实时互联的交通服务新模式。

第13章
基于大数据的物流资源共享平台

大数据重塑城市物流模式

近年来,在高速发展的互联网和信息行业的推动下,社会进入了大数据时代。在大数据时代,人们有了全新的思考视角和思维模式,数据成为企业的重要资产,表现出非凡的价值。从应用特征来看,大数据技术与城市物流有很多相同点,在物流行业有着天然的适用性。物流企业通过构建大数据资源平台实现信息共享,可以解决很多问题。简言之,随着大数据时代的到来,传统的城市物流将被彻底颠覆,一种新的物流模式呼之欲出。

1. 提升城市物流资源利用率

对于城市物流来说,速度和规划是非常重要的两点。货物配送需要对配送车辆、配送人员、运输点、配送方式进行合理规划,每个节点都要实现信息化。在大数据技术的支持下,物流信息交流平台实现了开放、透明、共享,大数据和物流仓储实现了有机结合,通过对数据进行智能化处理和分析,物流企业可以发现并掌握用户来源。

企业物流是城市物流的重要组成部分,其运营目标是自身利益最大化。在这一目标的引导下，物流资源被严重浪费，而且物流效率比较低。通过使用大数据对物流信息进行分析，城市物流可以对企业物流的运输网络及资源配置进行全面掌控，对物流数据进行整合分析，找到城市物流最佳规划方案，对物流资源进行充分利用，最终实现物流资源的优化配置。

基于大数据的城市物流平台掌握着城市所有物流数据，可以从发货、多种运输方式联运的时间和速度、货物到达时间等多个方面为货物运输提供强有力的数据支持。

构建物流大数据共享平台，各物流企业的物流信息可以与货物信息进行有效匹配，物流企业可以对城市物流资源与信息做出全面掌控，以费用不变为前提，通过物流资源的合理配置使经济效益得以大幅提升。同时，物流大数据共享平台还可以预测、规划物流运作流程，为城市限行情况下物流资源浪费、物流效率低下等问题提供有效的解决方案。

2. 降低城市物流成本

传统的城市物流是固定人员、固定配送路线，进入大数据时代之后，这种配送方式将逐渐改变，物流企业将用最少的资源在最大程度上满足用户的物流需求，降低物流成本。在大数据时代，物流企业将以信息交流平台为媒介收集各种信息，将其导入数据库，再结合物流时间和地点规划出最合适的物流配送路线，并告知配送人员。另外，物流企业还可以利用大数据技术实时获取路况信息，及时对物流配送路线进行调整优化以应对各种突发情况，尽量缩短配送时间，降低车辆、油料、人员等资源的消耗，从而降低物流成本。

3. 满足客户个性化的物流需求

随着物流产品越来越多，客户的选择也越来越多，这使得物流行业的竞争越来越激烈。与此同时，客户开始关注物流服务体验，希望既能满足自己的需求，也能掌握城市物流数据，对各方面的情况进行有效把控。

物流企业想要留住客户，就必须满足客户个性化的物流需求。为此，物流企业要使用大数据分析物流数据，挖掘其中潜藏的价值，对数据分析结果进行有效使用以深入了解客户需求，维护与客户的关系，增强客户黏性，减少客户流失。

在大数据技术的支持下，物流企业可以获得专业化的信息，通过整理、分析、挖掘用户信息获取用户需求，根据用户需求为其提供个性化的物流服务，还可以根据自己的实际情况定制业务，对业务结构进行调整，从而对物流资源进行优化配置。

4.提升城市物流管理水平

在大数据技术的作用下，物流信息实现了透明化、智能化。物流企业可以实时获知所有网点的业务开展情况及运营现状，并利用大数据技术对其进行分析、管理，以完善战略规划，稳定日常运作，提升管理水平。

物流资源共享平台的建设主体

在电商快速发展期间，物流快递行业也得到了快速发展，业务量迅猛增长，业务线不断拓展，逐渐形成了一个规模庞大的产业。我国的物流快递行业在快速发展的同时也遇到了很多挑战。例如：物流企业所掌握的信息无法及时同步给客户，导致二者之间存在信息不统一的问题；物流企业之间存在不正当竞争，相互压价，不仅破坏了物流行业正常的市场秩序，而且压缩了物流企业的利润空间,导致整个行业陷入恶性循环。

为了解决这些问题,物流行业必须对现有的物流资源进行整合,创建物流资源共享平台。无论从政府层面看,还是从行业、企业的角度看,物流资源共享平台的创建都具有重要意义。

从物流行业的角度看,物流资源共享平台可以整合行业的物流资源,使各项资源得到充分利用,防止基础设施重复建设,减少资源浪费,可以培养企业的低碳发展意识。同时,物流资源共享平台建设还可以规范物流行业的发展,提高物流行业的整体服务水平,塑造一个良性的竞争环境,提高行业竞争力。

从企业的角度看,物流资源共享平台建设可以减少企业在某些基础设施建设领域的投入,降低运营成本。同时,一些先进技术的引入还可以提高企业的信息化水平,降低物流成本,拓展物流网络,提高服务的时效性,提高物流服务质量,满足客户对更优质、更专业的物流服务的需求。

具体而言,城市物流资源共享平台构建的主体主要由三部分构成,如图13-1所示。

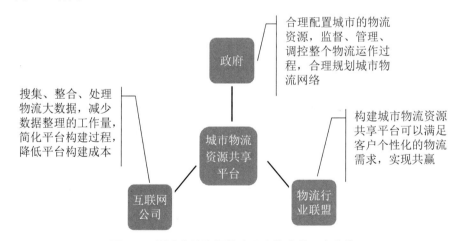

图13-1 城市物流资源共享平台构建的三大主体

1. 政府

在物流发展的过程中，政府发挥着重要作用，所以城市物流资源共享平台的构建要由政府牵头。政府要合理配置城市的物流资源，监督、管理、调控整个物流运作过程，合理规划城市物流网络。这些举措不仅能推动地方经济实现持续增长，还能让城市物流资源实现有效监管、充分利用，实现一体化规划与管理。

但只有物流运作过程才能产生物流数据，且物流企业尚未开放物流数据，导致政府无法获取可靠且全面的物流数据。随着大数据时代的到来，政府收集物流行业产生的海量数据变得更加困难。所以，政府要想牵头构建城市物流资源共享平台，必须寻求物流企业的合作，做好数据收集与整理，而这对于政府来说是一项艰难的挑战。

2. 物流行业联盟

城市物流汇聚了大量企业的物流，而企业物流又涵盖了物流公司的物流和企业内部的物流两部分。在物流公司的物流中，个人物流是主要构成部分。也就是说，物流企业是城市物流信息的掌控者，所以由物流企业联盟构建城市物流资源共享平台可以解决数据来源问题。

物流企业将物流信息导入数据库进行存储，对物流位置信息进行分享、交换，凭借配送优势控制物流配送成本。另外，在物流配送的过程中，物流企业通过及时沟通运输路线及道路交通问题可以规避交通拥堵，规范物流运作网络，提升物流效率。

物流行业联盟构建城市物流资源共享平台可以满足客户个性化的物流需求，实现共赢。但使用这种方式构建城市物流资源共享平台存在很多问题，例如物流企业总是寻求自身利益最大化，很难真正做到资源、信息共享，再加上物流大数据整合成本极高，需要物流企业承担一定的资金压力。

3. 互联网公司

在大数据时代，互联网公司走在时代前端，具备构建城市物流资源共享平台的基本条件。无论城市物流资源共享平台的构建主体是政府还是物流企业，都必须搜集、整合、处理物流大数据，但这个过程不易实现。

在这方面，互联网公司拥有先天优势，因为其本身就是大数据的收集者，可以非常专业地处理数据。所以，以互联网公司为主体构建城市物流资源共享平台可以减少数据整理的工作量，简化平台构建过程，降低平台构建成本。另外，通过这种方式构建的城市物流资源共享平台可以作为第三方为政府、个人、企业提供服务，让他们获得有效的物流信息，同时还能推动整个互联网行业实现更好的发展，但这种方式存在与以政府为主体构建城市物流资源共享平台相同的问题，就是很难全面获取可靠的物流大数据。

构建大数据物流共享平台

在经济全球化的背景下，国际物流成为企业开展跨国贸易的重要手段。随着我国的跨国贸易越来越频繁，我国的物流企业开始拓展国际物流业务，向国际物流的方向发展。我国物流行业的快速发展也带动了第三产业的发展，在未来很长一段时间里，物流行业将成为我国经济发展的新的增长点。但是物流行业在快速发展的过程中也面临着一些问题。

1. 我国城市物流发展中存在的问题

目前，我国城市物流存在的主要问题如表 13-1 所示。

表 13-1　我国城市物流发展面临的四大问题

问题	具体表现
缺乏总体系统的规划	城市物流中的企业物流设置了专门的物流部门，这不仅导致物流基础设施重复投资，耗费了巨额资金，还制约了城市物流资源的整合，降低了物流运作效率
物流配送线路混乱	目前，在城市物流中，各物流企业立足于自身利益对物流中心、物流配送线路进行规划，保护物流数据不与其他企业共享。虽然各物流企业规划的配送路线对于自己来说是最优路线，却无法构成最优的城市物流网络系统，导致城市物流配送网络呈现出混乱无序的状态
交通拥堵导致城市物流效率低	城市物流的主要功能就是运输物品，深受城市交通问题的影响。交通拥堵会直接导致物流运输效率下降，而在一二线城市，交通拥堵是常态
移动互联网发展使得客户需求个性化	物流企业的客户不仅有企业，还有个人，构成比较复杂，在物流速度、物流质量、物流数量、物流安全等方面有着不同的需求。移动互联网的发展导致客户需求日渐个性化，客户希望对物品运送情况、到达时间、物流企业的信息有全面掌握。从目前的情况来看，物流企业想要满足客户个性化的物流需求，借助大数据是最有效的方法

2. 大数据物流共享平台的构建思路

城市物流资源共享平台建设必须做好城市物流仓储平台和物流信息平台建设。首先，物流仓储平台对物流成本有直接影响，所以做好该平台布局至关重要。未来，对于城市物流资源共享平台的建设来说，仓储中转中心或调度中心、结算中心是强有力的基础。

城市物流资源共享平台通过全面分析人力、报价、物件流向等信息对物流配送线路进行规划，将规划好的线路传送给物流公司，帮助其对资源进行优化。

我国基于大数据的城市物流资源共享平台的构建可以借鉴国外的成功经验，以避免失败探索浪费资源，节约平台构建成本，提升平台构建效率。另外，大数据资源共享数据库以电子数据的形式存在，所以在构建城市物流资源共享平台之前要做好电子数据交换系统的建设，让物流系统的电子数据交换实现标准化，辅之以仓储中心、配送中心、拥有自动存储功能的恢复系统，可以让物流管理变得更加规范。

受城市限行、交通拥堵、客户需求个性化等因素的影响，我国城市物流需要解决的问题越来越多，导致传统的物流模式逐渐失效。作为一种及时有效的分析方法，大数据为城市物流改革带来了一个绝佳的机会，为物流改革提供了一套有效的方案，并为物流行业的发展提供了一个新方向。

城市物流在转型升级的过程中，利用大数据技术对物流大数据的潜在价值进行充分挖掘，对物流行业的业务模式进行创新非常重要。面对海量物流数据及城市物流面临的各种问题，只有构建基于大数据的城市物流资源共享平台，才能为这些问题找到有效的解决方案。而对于平台的构建来说，明确构建主体及构建过程是关键。通过前述分析可知，无论平台构建主体是政府、互联网公司，还是物流行业联盟，都要解决很多问题。

综合来看，基于大数据的城市物流资源共享平台的构建最好是政府牵头，物流企业提供数据，互联网公司提供技术，通过股权的方式对平台带来的益处进行共享。之所以如此，是因为在城市物流规划方面政府是主导者，由政府牵头构建城市物流资源共享平台可以扫除一些不必要的障碍，让构建过程更加顺利。

物流数据掌握在物流企业手中，所以物流企业要与互联网公司、政府共享物流数据，对物流资源进行优化配置，切实提升物流效率。互联网公司掌握着大数据技术，可以对物流大数据进行有效整合、处理。在这些工作完成后，互联网公司就可以将物流大数据处理结果交给政府或物流企业，帮政府对城市物流进行合理规划，帮企业对物流资源进行优化利用，以推动城市物流实现更好的发展。

物流企业与互联网公司为了保证自身利益可以采用股权制的方式建立合作。在城市物流资源共享平台构建的过程中，政府负责监管，推动整个平台建设过程稳步进行。

大数据驱动下的物流企业管理变革

在大数据时代，数据资源的价值逐渐显现，越来越多的企业开始将数据视为战略性资源。从这个角度来看，数据资源及其潜在的价值能够对行业发展发挥战略指导作用。在企业运营过程中，这类资源能够促进企业内部及供应链各个环节之间的整合，帮助物流企业完善组织结构，提升服务质量，打造良好的品牌形象，拓宽利润来源渠道，节约各项开支。

1. 大数据在物流企业中的应用价值

大数据在物流企业中的应用价值具体表现在三个方面。

（1）充分发挥企业人力资本的价值

在传统模式下，物流企业的领导者在制定人力资源决策时，会将自身经验及主观感觉相结合，但这种人才评估方式并不合理。在大数据技术的支持下，管理者可以依据客观事实及数据信息对人才的能力进行科学评估，并实现人力资源的优化配置，同时还能对企业内部运营数据的价值进行挖掘，对企业所需人才类型做出准确判断。在绩效考核方面，管理者可以采用过程数据与结果数据相结合的方式，力争达到更高的绩效目标。

（2）增加企业的结构资本

在大数据的支持下，物流企业可以对原有的组织结构进行改革，促进部门之间的信息沟通与共享，加强部门之间的合作，实现资源的优化利用,及时感知市场环境的变化,为各项战略的落地提供支持。与此同时,还能够提高企业对知识产权的重视程度,进而提升企业的知名度与影响力,树立良好的企业形象,丰富自身的结构资本。

(3)增加企业的关系资本

通过促进各个部门之间的信息沟通与互动,物流企业能够建立符合客户认知的价值观,更好地维护员工的个人利益,不断提高员工的满意度,促进企业的文化建设。此外,物流企业还可以借助大数据对传统业务模式进行改革,通过多元化的渠道进行品牌推广,树立良好的品牌形象。在这个过程中,物流企业还可以通过客户关系管理,推出定制化服务,满足客户的个性化需求,并与其他企业建立良好的合作关系,增加企业的关系资本。

2. 基于大数据的物流企业管理创新

(1)利用大数据提高企业的战略决策能力

大数据的应用能够对物流企业的决策产生重要影响。从企业长期发展的角度来看,大数据能够促使企业对原有的业务流程及系统结构进行优化,逐步完善企业内部决策制定流程及相关制度,提高企业决策的科学性。

在大数据时代,物流企业需要突破传统思维的限制,及时感知并了解行业的发展变化,对市场需求动向保持敏锐的洞察力,把握机会推动自身发展。目前,供应链的整体运营能力在很大程度上决定着物流企业的综合竞争力。为提高供应链的运营能力,物流企业应该促进供应链各个环节之间的信息交流与共享,积极改革传统的业务模式,不断完善服务体系,实现资源的充分利用及优化配置,同时要注重信息安全。

(2)提升物流企业的运作效率

在大数据应用的基础上,企业业务运营的公开性将大大提高,各部门之间的信息流通将更加顺畅。物流企业可以利用大数据了解内部资源的运行状态，例如设备损耗情况、车辆调度情况、人员配置情况等，实现内部资源的合理分配，提升企业的整体运转效率。

例如快递企业可以利用大数据推出定制化服务，满足客户的定制化需求，利用先进技术提高配送环节的灵活性。在电商活动期间，快递企业可以利用大数据技术，实现物流资源的优化配置，提前把握业务运营需求，避免活动期间出现快递爆仓的情况。

（3）增强企业的市场营销能力

物流企业可以利用大数据对市场发展趋势进行分析，对目标消费者的习惯、喜好等信息进行收集，在此基础上对目标客户进行细分，对重点客户进行准确定位，还可以获取产品定价、成本、服务等方面的信息，根据这些信息把握市场发展趋势，在参与市场竞争的过程中展现自身优势，提高对目标客户的吸引力，从而进一步开拓市场。

物流企业可以利用大数据对顾客需求进行分析，据此提高营销活动的针对性，还可以简化运作流程，突破传统营销模式，改革传统营销组织，节约总体成本。

（4）增强企业的品牌运营能力

物流企业可以利用大数据及时了解网络平台上的舆论动向，把握品牌营销进度，快速发现不利于品牌传播的言论，针对公关危机采取有效的应对方案。除此之外，企业还能在运营过程中形成口碑效应，在控制成本的基础上扩大品牌的覆盖范围。

（5）提升企业的客户关系管理能力

物流企业可以利用大数据与消费者开展深度互动，不断提升消费者的体验，提高消费者对自身产品及服务的认可度，从而在竞争中占据优势地位，并在长期运营过程中提高顾客黏度，将其转化成自己的粉丝用户，不断挖掘其商业价值，为企业的持续性发展提供足够的保障。

（6）提高企业的创新能力

大数据的应用为物流企业与第三方建立合作关系提供了便利，促使物流企业对原有的机制进行改革，通过与其他企业合作拓展自身的业务范围。企业还可以利用大数据技术对潜藏在海量数据中的有价值的信息进行提取，推行创新型策略，从而改革原有的业务模式，开拓数据应用辅导、信息咨询等业务，增加利润来源渠道，提高整体的竞争力。

第五部分 物联网交通

第14章
万物智能：物联网智能交通系统

基于物联网的智能交通系统

近几年，物联网技术实现了快速发展，越来越多的学者开始研究物联网技术在公共服务和城市生活领域的应用。现阶段，我国正处于智慧城市建设进程中，智慧交通作为智慧城市的重要组成部分，其快速发展对智慧城市乃至数字中国的建设具有十分重要的战略意义。物联网的发展为交通领域的智慧化变革带来了机遇，交通行业与物联网的融合将会加快智慧交通的落地。

1. 基于物联网的智能交通系统

物联网是借助视频图像识别、智能定位系统等技术与设备，按照需要将物体与人接入互联网，使得物体之间、物体与人之间可以依托互联网开展信息交换，通过这种方式形成的具备识别、定位、监控、管理等功能的智能化网络。也就是说，在物联网环境下，人与物体、物体与物体产生了连接，可以自由交互。

鉴于物联网的这一特点，基于物联网构建的交通管理平台可以将人、车、路、环境等要素连接在一起，形成智能交通系统，汇聚海量交通信息，并利用人工智能、大数据等技术对信息进行处理，制定合理的交通策略，为车辆与行人提供正确的交通指引。具体来看，基于物联网的智能交通系统具备的三大功能，如表14-1所示。

表14-1 基于物联网的智能交通系统的三大功能

功能	具体表现
统一管理交通基础设施	基于物联网的智能交通系统可以对各种交通方式、交通枢纽、停车场、停车位、充电桩等基础设施进行统一管理，使其作用得到最大化发挥，产生最大化的经济效益与社会效益
协调管理多种交通方式	基于物联网的智能交通系统可以对各种交通方式进行协调管理，使其分工协作，彼此之间保持紧密衔接
交通设施与交通运行的紧密连接	基于物联网的智能交通系统可以让交通运行水平和交通设施保持平衡，缓解彼此之间的矛盾与冲突，打造一个健康的交通系统

此外，基于物联网的智能交通系统还可以对公交、出租、校车、救护、消防等特种车辆的监控与通信系统、交通监控系统、交叉路口交通管理与信号控制系统、车辆信息设备系统进行整合，为有出行需求的居民提供实时的交通路况、公交车位置、附近的出租车等信息，帮助居民规划最佳的出行方案；还可以通过控制路口信号灯的时间提高道路的通行效率，从时间与空间两个维度对交通需求进行协调，缓解交通拥堵，带给居民更顺畅的出行体验；还可以借助摄像头、传感器及时发现道路问题，辅助相关企业与部门做好道路养护、基础设施管理等工作，降低道路管理与运营成本，同时保证行车安全。

2.物联网交通系统的应用架构

物联网是通过射频识别、红外感应、网络通信等技术，在互联网的基础上实现万物互联的泛在网络，其主要功能是实现万事万物智能化、一体化的管理、控制和运维。物联网交通系统架构通常包含三部分，即感知层、传输层和应用层，如表14-2所示。

表 14-2　物联网交通系统的三大组成

组成	功能
感知层	是物联网架构的基础，主要负责海量数据的感知和传输
传输层	是连接感知层和应用层的桥梁，将感知层的数据传输至应用层
应用层	主要负责数据的筛选、整合、加工、处理、应用，发挥数据的价值，为业务开展提供支持

下面对这三大组成进行具体分析。

（1）感知层

智能交通物联网系统的感知层负责全面感知和收集交通运行数据，供管理平台使用，主要设备有车辆检测器、智慧道钉、地磁传感器、高清摄像机等。值得注意的是，城市交通管理部门包括公安交警类、交通管理类、城管政务类等，不同部门管辖的领域不同，发挥的职能也有所差异，对交通数据的需求也不尽相同，感知层应当根据具体需求来采集相应的数据。

（2）传输层

在智能交通物联网系统中，公用网络和交通专用网是数据传输的主要载体，数据传输的方式主要有两种，即有线传输和无线传输。这两种方式的选择主要取决于前端设备采集数据量的大小，无线网络主要负责小规模数据的传输，如道路检测数据、边坡检测数据等，有线网络主要负责大规模数据的传输，如视频数据等。

（3）应用层

智能交通物联网系统中的应用层会根据不同部门的业务需求对数据进行分类、筛选和处理，发挥数据的价值。一般情况下，应用层会借助大数据、云计算、数据可视化等技术对数据进行加工，并以可视化图表或图像的形式呈现给交通管理人员，为其制定科学的交通管理决策提供依据。此外，管理人员还可以根据数据对感知层的设备进行控制和调整，采集更多更有价值的数据，提升交通管理水平。

智能交通中的物联网技术

在物联网技术出现之前,智能交通行业就已经形成了比较成熟的市场,并且拥有多项成熟技术。目前,我国正处于智慧城市建设和发展阶段,政府出台了一系列政策扶持智能交通的发展,很多城市已经实现了智能交通的规模化应用。

随着物联网技术的出现和快速发展,智能交通迎来了巨大的发展机遇。目前,智能交通领域涉及的物联网技术主要包括以下几种。

1. 视频监控与采集技术

视频监控与采集技术是一种可以通过综合运用视频监控系统和模式识别技术为交通管理提供图像采集等多种服务的新型采集技术。具体来说,基于视频监控与采集技术的视频检测系统能够利用视频采集设备采集图像,并将这些图像转换为离散的数字图像,并通过图像处理获取车辆的相关信息,从而实现对车速、交通流量、车头时距等交通参数的精准计算。

除此之外,基于视频监控与采集技术的视频检测系统还具备车辆跟踪功能,能够通过车辆识别与跟踪、车道线识别等方式精准掌控监测路段上的车辆的左右转向和变更车道等操作,也可以利用视频车辆检测器采集视频图像等交通参数,并重复利用这些图像实现精准高效的事故管理。

视频监测与采集技术在交通领域的应用也被称作"非植入式"交通监控,因为交通管理部门使用视频监测与采集技术进行交通管理时,只需要在需要监控的路段或区域安装摄像机,采集车辆经过的视频图像,发现视频图像的特性变化,从而实现对该路段或区域的交通监测和管理,不需要在路面或路基上装配其他设备。

2. GPS 技术

GPS 技术在交通领域的应用有助于实现车辆精准定位和导航。车主可以通过在车辆中安装嵌入式 GPS 导航定位接收器接收卫星信号，根据信号处理结果对车辆进行精准定位。一般情况下，GPS 定位器的定位误差不会超过 25 米，一些先进的 GPS 定位器的定位误差仅有 5 米。但由于城市中高楼林立，这些高楼会对卫星信号造成遮挡，可能会阻碍车辆 GPS 定位器接收卫星信号，导致定位误差超出正常值。

3. 专用短程通信技术

专用短程通信技术（DSRC）是一种专门用于智能交通领域的无线通信技术，能够在路侧单元和车载单元之间建立通信，让车辆能够在行驶状态下与路侧单元进行数据交换。

DSRC 通信系统主要由路侧单元、车载单元和专用短程通信协议三部分组成。DSRC 技术具有传输速率高、实时性强、安全性高、双向传输等诸多优势，不仅能够连通车辆和道路，还支持点对点、点对多点通信，能够为车与路、车与车之间的双向信息传输提供技术支撑。DSRC 的应用领域十分宽广，可以应用于道路收费、停车场管理、车辆事故预警、车载出行信息服务等诸多场景。

4. 位置感知技术

位置感知技术是一种利用导航设备、无线通信设备等实现实时精准定位的技术，通常与车联网相结合广泛应用于智能交通领域。一般来说，位置感知技术在交通领域的应用主要包括卫星通信定位和蜂窝网基站两大类。

以卫星通信定位为基础的位置感知能够通过接收通信卫星发出的信号，

对信号进行分析实现精准导航和定位。以全球定位系统（Global Positioning System，GPS）和北斗卫星导航系统（BeiDou Navigation Satellite System，BDS）为例，这两个基于位置感知技术的卫星导航定位系统能够借助接收机接收至少四个绕地卫星发出的基准信号，并采用三角测量法测量目标距离，从而计算出目标位置。

如果将接收器安装在目标车辆上，就可以随时获取该车辆的位置信息，只要在电子地图中记录下该车辆在各个时间点的三维坐标（经度、纬度、高度）等数据信息，就可以得出车辆的行驶速度等数据。

以蜂窝网基站为基础的位置感知能够借助移动通信网络和移动定位终端采集所需的交通信息。具体来说，蜂窝网络是一种网络结构形似蜂窝的通信网络架构，以蜂窝网基站为基础的位置感知技术主要有两种定位方式，一种是以基站位置为依据，利用时间差、电波到达时间和辅助GPS技术实现对移动终端的精准定位，一种是根据移动终端为确保通信质量而进行的基站切换情况来进行定位。由此可见，位置感知技术可以在蜂窝网基站中获取所有用户在移动过程中产生的切换序列，并以此为依据获取交通流信息。

5. RFID

射频识别是一种基于电子标签识别的非接触式数据通信技术，通常由天线、阅读器和电子标签等几部分组成，能够在各种环境和应用场景中借助射频信号自动高效识别多个高速移动物体上的电子标签，从标签中获取数据信息。

因此，RFID技术可以在零售、制造、医疗、物流仓储等多个行业应用，还可以凭借读取速度快、伪造难度大等优势在电子护照、车辆定位、车辆通信、自动识别、远距离监控等应用场景中发挥作用，为移动车辆的识别、监测和管理赋能。

物联网交通系统的主要功能

物联网技术的应用将促使智能交通系统的性能实现颠覆式升级。基于物联网的智能交通系统能够充分发挥传感器、RFID等技术的优势，使所收集到的交通信息更加全面、及时、准确。在5G时代，网络传输速率和带宽得到进一步提升，以5G网络为依托的智能交通物联网可以对数字、图像、视频、语音等信息进行实时传输，进一步提升交通运行和管理效率。

智能交通物联网系统主要具备以下几个功能模块。

1. 信息检测感知系统

该模块是智能交通物联网系统的基础部分，主要功能是借助RFID、雷达、GPS、视频监控等传感器对道路运行数据进行实时监测和采集，包括道路车流量数据、过往车辆时速数据、交通拥堵数据、交通事故数据等。

2. 信息网络系统

这一模块的主要功能是借助5G网络、互联网等将信息检测感知系统收集的数据传输至信息处理与决策系统。得益于5G网络低时延、高带宽、高速率的优势，该系统能够实现数据的全面、准确、实时、高速传输。

3. 信息处理与决策系统

该模块是智能交通物联网系统的核心部分，主要功能是全面、实时地接收交通数据，并结合大数据、云计算等技术对交通数据进行筛选、整合、处理、分析，帮助交通管理部门实时、准确地掌握交通运行情况，为其制定合理的交通管理和控制决策提供依据。

4. 车辆辅助控制系统

车辆辅助控制系统可以通过车辆前方或者两侧安装的雷达或红外探测仪对车辆与附近障碍物之间的距离做出准确判断，发现车辆与障碍物之间的距离过近就会自动发出警报，提醒驾驶员紧急避让，或者自动操控车辆避让或停车，并根据当下的路况条件自动调节车辆的行驶速度，辅助驾驶员驾驶汽车或者代替驾驶员驾驶汽车。

5. 智能交通监控系统

智能交通监控系统可以将路侧传感器与车载导航信息系统采集到的车辆行驶速度等信息传输到智能交通服务器，通过物联网在车辆、道路、驾驶员之间建立一个通信网络，增进彼此之间的交流与互动，让驾驶员能够及时了解道路的通行状况，包括哪条道路发生了拥堵，哪条道路目前比较畅通等，从而快速调整行驶路线，按时抵达目的地。

6. 运营车辆管理系统

运营车辆管理系统可以通过车载电脑、管理中心的计算机与全球定位系统联网，在驾驶员与运营车辆调度管理中心之间建立一个双向的通信通道，根据乘客数量调整运营车辆的发车频次，从而提高公交车、长途车、出租车等车辆的运营效率，为乘客出行提供方便。

7. 旅行信息系统

旅行信息系统是一个专门为旅行人员提供交通信息服务的系统，可以通过各种媒介让旅行人员随时随地获取所需信息。

随着智慧城市建设进程的加快，以及低碳出行的战略要求，智能交通物联网系统将被应用于更广泛的场景中，也将拓展出更多智能管理平台。

例如，在中心城区可以创建车流量实时监测与动态引导系统，以缓解高峰期的交通拥堵问题；在事故多发路段建设智能测速抓拍系统，以提醒驾驶员及时减速，从而减少交通事故；在停车场建设智能诱导和管理系统，让驾驶员准确掌握停车位剩余情况，在驶离停车场时也可以实现自动缴费。目前，北京、上海、无锡、成都等城市已经开始部署智能交通物联网系统的建设工作。

尽管物联网技术在我国智能交通领域的应用尚处于探索阶段，但在我国交通碳中和的战略目标下，我国政府对其非常重视，且随着新一代信息技术不断成熟，物联网在智能交通领域的应用已经成为必然趋势。未来，智能交通物联网必将实现规模化、集成化应用，为我国交通行业的智慧化发展做出巨大贡献。

基于图像识别的智能交通应用

图像识别技术应用于智能交通领域，可以帮助交通管理部门查询追踪违章车辆、快速处理交通事故、高效疏通拥堵路段等。

以深圳市某快速路二期为例，该道路是一条客货混行的城市快速主干道，道路全长15km，双向共有8个车道，整条道路包括1座长约1km的双孔隧道、5座跨线桥和6座大型互通立交桥。

负责该路段的交通管理部门运用图像识别技术进行路段管理。该部门在道路的重要路口、事故多发地段以及隧道端部署了共计20台全景高清监控设备和12台事故检测设备，这些设备可以实时捕捉并采集路过车辆的行驶信息，包括车速、行驶车道等，并将这些信息以图像的形式实时传输至交通管理部门。

交通管理部门的数据处理中心利用图像识别技术对监控设备捕捉到的

图像进行识别和分析，判断车辆的行驶状态以及是否发生违章行为等。交通管理部门的指挥中心通过数据分析来掌握路段车流量、交通拥堵情况、交通事故情况等，并通过5G网络与现场交警通信，协助现场交警高效地进行交通管理。

该路段全线有30多处平交路口，均设置了交通信号灯。智能交通系统根据全线摄像装置捕捉的实时交通信息，预测路网内的车流量及车辆行驶状态，从而对这些交通信号灯进行自动控制。在必要的情况下，交通管理部门的指挥中心可以通过5G网络对信号灯进行远程干预，不仅可以提升道路运行和管理效率，而且能够减少交通拥堵带来的环境污染。

此外，交通管理部门还在重要路口前方200～300m处部署LED显示屏，并通过该屏幕实时发布交通运行信息和交通违章信息。驾驶员可以根据屏幕信息快速了解该道路的运行情况，同时了解与该道路连接的其他道路以及周边设施的相关情况，从而根据出行计划合理选择行驶路线，避开拥堵路段，提高出行效率。同时，驾驶人员也可以根据违章信息调整自己的驾驶行为，避免出现违章。

随着新一代信息技术快速发展，以及交通碳中和战略目标的提出，智慧交通成为交通行业发展的必然趋势。智慧交通的发展带来的积极影响是多方面的，不仅可以提升出行效率和交通管理效率，大幅减少交通碳排放，还能够建立良好的城市形象，对城市经济乃至国家经济发展都具有重要意义。因此，我国城市交通部门要积极运用大数据、物联网等技术，搭建城市智能交通物联网系统，实现城市交通的高效、智能管理，逐渐带动各领域实现智能化变革。

第15章
实践路径：基于物联网的智能交通

基于 IoT 的智能交通监控系统

智能交通物联网系统具备多个系统模块，每个模块对应不同的技术，常用技术有射频识别技术、传感器技术、卫星定位技术、图像识别技术等。

智能交通监控是智能交通的一个重要功能，可以对交通情况进行实时监测，获取最新的交通信息，包括拥堵路段、拥堵程度、正在检修无法通行的路段、交通事故、道路违章等，并将其及时上传到交通管理系统以及车载终端，为交通管理人员协调交通、缓解拥堵提供支持，帮助驾驶员合理地规划行驶路线，避开拥堵路段以及危险路段，安全地抵达目的地。下面对几种常见的智能交通监测应用进行分析。

1. 车流监控

车流监控系统借助车载 GPS、路侧摄像头以及传感器等设备对道路上的车流情况进行动态监测，将拥堵路段的相关信息实时传送给驾驶员以及交通管理人员，指导他们做出科学决策。例如谷歌地图可以显示各条道路的实时平均车速；高德地图、百度地图等会实时显示拥堵路段，并用红色、黄色表示拥堵状况；有些城市道路旁会设置大型显示牌，实时显示当前道路的拥堵状况，指导人们合理规划行驶路线。此外，很多车载 GPS 拥有自动规划行驶路线的功能，可以根据接收到的交通拥堵信息调整行驶路线，避开拥堵路段。

此外，RFID 技术在车流监控中也有着广泛应用。交通管理部门在道路两侧按照一定的间距部署多个 RFID 阅读器，在车辆上安装 RFID 阅读标签，这些阅读器可以实时捕捉路过的车辆数量和类型，并将这些数据通过 5G 网络快速传输至交通管理平台，交通管理人员可以根据两个阅读器区间的过往车辆数目实时掌握相应路段的车流量，以便预测可能出现的拥堵或在拥堵发生后及时采取措施进行疏通，提升交通运行效率。此外，当路侧 RFID 阅读器识别到特殊车辆（如消防车、救护车等）经过时，系统还会智能控制路口信号灯，以便特殊车辆优先通行。

2. 电子警察

电子警察系统是利用摄像头、雷达、路面磁力感应装置对道路上行驶的车辆进行监控，发现车辆有超速行驶、闯红灯等违章行为时，可利用图像识别技术识别车牌信息。电子警察系统可以很好地规范司机的驾驶行为，降低交通事故发生率，切实保障交通安全，还可以减少交通管理部门在道路监管、车辆监管等方面的人力投入，降低监管成本，提高监管效率。

基于物联网的电子警察系统由三部分构成，如表 15-1 所示。

表 15-1 基于物联网的电子警察系统的三大构成

构成	具体功能
前端部分	前端安装在各个路口，由安装在各个立杆上的摄像头、控制与处理系统以及相关的外围设备构成，主要功能是借助立杆上安装的高清摄像机对闯红灯等违法行为进行抓拍，识别闯红灯车辆的车牌号以及号牌颜色，对相关数据执行压缩、存储、传输、管理等操作

续表

构成	具体功能
通信部分	主要由各种有线通信设备、无线通信设备构成，主要功能是将前端收集到的车辆违法信息、车流量信息等通过网络传输到中心部分的应用服务系统
中心部分	主要功能是通过通信系统接收前端传输回来的各种信息，将信息存储到数据库，为应用程序的调取使用提供方便

3.智慧道钉

道钉是一种常用的交通路障设备，一般部署在车道横截面上，用于指引行驶方向、防止超速等。智慧道钉系统通常包含地磁传感器、蓝牙组网、太阳能电池等部分。地磁传感器主要用于感知和采集地磁数据，并通过蓝牙系统、交通网络等将其传输至系统中心平台进行共享分析，从而帮助交通管理人员实时掌握路过车辆的车速、行驶状态、停留时长等信息，以便实现更高效的交通管理。此外，智慧道钉系统还能在感知到车辆经过时自动引导车辆在正确的车道上行驶，提升人们的出行体验。

基于GPS技术的智能运输系统

智能运输系统（Intelligent Transportation System，ITS）是一个现代化的综合交通运输系统，建立在计算机、通信、自动控制、系统工程、交通工程等众多先进技术的基础之上，颠覆了传统的交通运输系统及管理方式，具有准确、高效、安全、智能化、污染小等特点。智能运输系统很多功能的实现都要以车辆的实时定位为前提，例如交通信息采集、车辆运营管理、车辆智能导航等。目前，车辆实时定位最常用的技术就是GPS。该技术可以对交通个体进行实时准确的定位，将个体的位置信息汇聚在一起形成一个网络，从而实现对个体交通分散选择行为的分布式管控。具体来看，基于 GPS 技术的智能运输系统具有以下功能。

1. 车辆信息采集

交通信息无时无刻不在发生变化，这就导致基于交通信息的交通管理对信息的准确性、时效性要求极高。卫星定位技术应用于智能交通领域，可以实现交通信息的实时动态采集、共享和分析，大幅提升交通管理效率。

在智能交通领域，采集信息常用的设备是浮动车，即"安装了车载 GPS 定位装置并行驶在城市主干道上的公交汽车和出租车"。浮动车在行驶过程中，车载 GPS 定位装置会自动收集该车辆和周围车辆的行驶速度、行车位置、车辆运行时间、车流量、路况等交通信息，并将信息上传至中心平台进行处理和分析，为交通管理人员开展科学的交通管理提供数据支持。

2. 车辆智能导航

车辆智能导航是利用车载 GPS 接收器对行驶过程中的车辆进行跟踪定位，通过与电子地图相匹配，将车辆所在位置在实际路网中实时显示出来，并根据驾驶人员的需要为其规划抵达目的地的最佳行驶路线，在车辆偏离行驶路线后引导车辆回到正确的方向。具体来看，车辆智能导航具备的几大功能，如表 15-2 所示。

表 15-2 车辆智能导航的四大功能

功能	具体内容
车辆定位跟踪	利用车载 GPS 接收机接收卫星信号，在电子地图的辅助下，将车辆的位置信息实时显示在实际路网中
行车路线设计与引导	根据驾驶员提供的起点、终点、途经地点以及其他特殊要求，规划一条行驶距离最短或者耗时最短的出行路线，并通过语音或图像的形式提供实时导航服务，帮助驾驶员顺利抵达目的地

续表

功能	具体内容
综合信息服务	可以向用户提供信息检索与查询服务，帮助用户获取所需的停车点、附近的旅游景点、宾馆、饭店、公共卫生间等基础设施的位置信息，并通过电子地图显示出来
信息交流	车载GPS导航系统具备双向通信功能，一方面可以接收实时的交通信息与道路信息，另一方面可以将车辆所在的位置信息、起点、终点、行驶路线、紧急事件报警、请求援助等信息反馈给交通管理系统

3. 车辆运营管理

在现代物流系统中，车辆运营管理系统是重要的组成部分，可以对运输全过程管理提供技术支持。

为了做好客、货运车辆的运营管理，企业需要实时掌握车辆的位置信息，而了解车辆所在位置的重要工具就是GPS。基于GPS的车辆运营管理系统可以让运营管理部门、安全保障部门及时掌握车辆的位置信息、工作状况以及载运状况等信息，对车辆进行集中管理与调度，对客源、货源、驾驶员、车辆等资源进行合理配置，以提高运输效率，保证运输安全。

基于GPS的自动跟踪系统和双向移动通信可以让运输公司、物流管理公司实时掌握每辆运输车辆的位置信息、性能情况与业务状况，对车队进行动态监管与合理调度，降低车辆的空载率，从而降低车辆的运行成本，提高物流公司各项资产的利用率以及公司整体的竞争力；还可以让客户通过专用的信息网络或者互联网了解货物的运输状态以及物流公司的运力情况，掌握货物所在的位置信息，以便更合理地安排生产与出行，降低库存水平，逐渐实现"零库存"。

4. 公交运营管理

公交运营管理利用先进的GPS、GIS等技术对车辆进行动态管理与实时监控，通过电子站牌将公交车辆的实时位置、车厢内的拥挤度等信息实时显示出来，并为人们提供换乘方案，具体流程如图15-1所示。

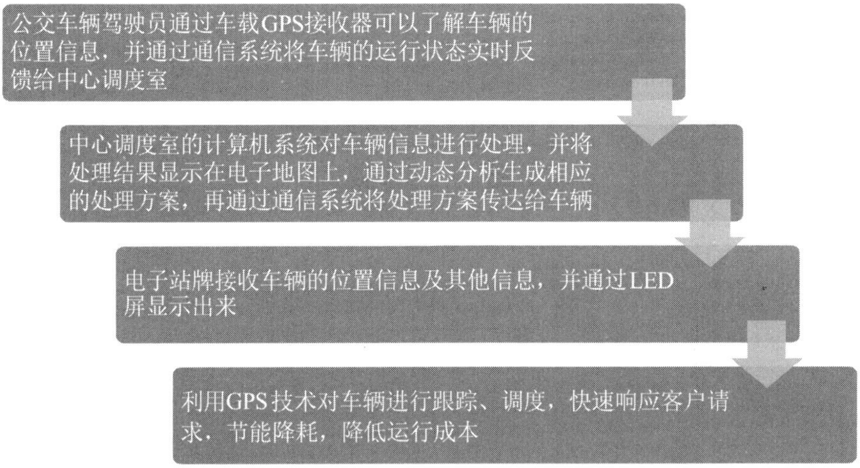

```
公交车辆驾驶员通过车载GPS接收器可以了解车辆的
位置信息，并通过通信系统将车辆的运行状态实时反
馈给中心调度室
           ↓
中心调度室的计算机系统对车辆信息进行处理，并将
处理结果显示在电子地图上，通过动态分析生成相应
的处理方案，再通过通信系统将处理方案传达给车辆
           ↓
电子站牌接收车辆的位置信息及其他信息，并通过LED
屏显示出来
           ↓
利用GPS技术对车辆进行跟踪、调度，快速响应客户请
求，节能降耗，降低运行成本
```

图15-1　基于GPS、GIS等技术的公交车辆动态管理流程

物联网在智能交通管理中的应用

智能交通管理指的是借助物联网、大数据、人工智能等先进技术，与城市交通管理的实践经验相结合，对智能公交系统、智能收费系统、路面检测系统、智能交通控制系统进行整合，对交通运行态势进行全面感知，对行人、车辆进行可视化指挥与调度，对交通信号灯进行精准控制，为城市居民提供精准的交通信息服务，通过这些措施改善城市的交通运行状况，缓解道路拥堵问题，保证整个交通系统的安全，促使城市道路交通系统实现绿色、经济、安全、有序的运行。

1. 智能公交系统

传统的公交站牌只能显示途经该站点的公交车及其路线信息，无法显示公交车的实时位置,不能对公交车的到站时间做出精准预测。基于物联网的智能公交系统利用智能电子站牌代替传统的公交站牌,可以比较准确地显示公交车所在的位置以及到站时间,方便有出行需求的居民合理地规划乘车方案,减少等待时间。

2. 智能收费系统

车辆在高速公路上行驶需要按行驶里程支付费用,在传统的人工收费模式下,车辆途经收费站需要停车缴费,缴费成功才能离开,虽然整个过程耗时不多,但如果车辆比较多也会造成拥堵,影响高速公路的通行效率。基于物联网的智能收费系统可以解决这一问题。收费站安装了智能收费系统之后,该系统配备的智能传感器可以自动识别车辆信息,自动完成收费,只要车主下载了交费管理软件并绑定银行卡,且银行卡中的金额充足即可,整个过程不需要停车。这不仅可以提高道路的通行能力,减少交通拥堵,还可以减少收费站的劳动力投入,降低高速公路企业的运营成本。

3. 路面检测系统

任何道路都有使用寿命,在使用过程中难免发生一些"病害",例如路面塌陷、路面开裂、滑坡、低温收缩等,这些"病害"不仅会影响人们的出行体验,而且会导致道路的使用寿命缩短。因此,道路管理部门要做好路面检测,及时发现病害并采取有效措施进行处理,保持路面的平整度以及清洁度,这对于给人们营造舒适的出行体验来说至关重要。

基于物联网的路面检测系统可以对道路通行状况进行跟踪监测,及时采集路面信息,发现道路杂物以及路面损坏问题,并将相关情况上报给有关部门,请有关部门及时采取措施进行处理,以做好道路维修与养护工作,营造一个安全、舒适的行车环境。

4. 智能交通控制系统

基于物联网的智能交通控制系统有利于实现智能交通管理，保证道路规划的合理性，降低交通事故的发生率。交通道路可以分为干线道路与区域间的道路，这些道路所承载的交通流量存在很大区别。在这种情况下，智能交通控制系统需要根据干线与区域道路设置中央控制系统与区域控制系统。其中，中央控制系统承担着对相关区域进行管理的职责，区域控制系统需要在本区域的十字路口设置检测与监控装置，优化信号检测。

因为十字路口的交通情况比较复杂，易发生交通事故，所以需要借助物联网对路口的车辆通行情况与车流量进行实时监控，根据交通拥堵情况对信号灯的时长进行控制，提高道路通行效率，缓解道路拥堵状况，降低交通事故的发生率。

（1）自适应交通信号

研究发现，交通信号控制时间不合理是导致交通拥堵的一个主要原因。自适应交通信号灯可以利用传感器、摄像头以及车辆之间的通信了解各个道路上的车流情况，根据车流量调整交通信号灯开关的时间以及时长，并通过 DSRC 将信号灯的时间控制方案发送给附近的车辆，以便驾驶员合理地调整行驶速度，缓解交通拥堵。例如，一些车流量比较少的道路的左转信号灯可以一直处于红灯状态，车辆需要左转时提前向信号灯发送请求，信号灯收到请求后自动将左转信号灯变绿，保证车辆快速通过。

（2）可变限速标志

可变限速牌可以根据交通拥堵情况计算出最佳限速，减少车辆停车再启动的频率，加快出行高峰期的车流速度，不仅可以缓解交通拥堵，还可以降低交通事故发生率，实现节能减排。

（3）自动亮灯人行道

自动亮灯人行道借助物联网以及智能传感器，可以实现地磁感应、高亮屏显等功能。每当夜幕降临，行人或者自行车踏上人行道，人行道两侧的地灯就会亮起，提醒往来车辆注意行人，也方便行人更好地观察路况，保证夜间出行安全。

物联网在智慧停车领域的应用

随着城市人口越来越多，城市经济快速发展，我国大中型城市的汽车保有量快速增长，远远超过了现有的停车位数量，引发停车难题。对于交通管理部门来说，缓解交通拥堵，提高道路通行效率固然重要，解决停车难问题同样重要。随着技术快速发展，基于物联网的智慧停车为这一问题提供了解决思路。

智慧停车指的是利用无线通信技术、移动终端技术、GPS、GIS 等技术实时采集城市的停车位信息，为驾驶员提供停车位查询、预订、导航等服务，不仅可以辅助驾驶员快速寻找停车位，减少驾驶员因为迟迟无法停车在路上逡巡造成的交通拥堵与环境污染，还可以提高停车位资源的利用率，使停车场利润实现最大化。

智慧停车还可以应用于错时停车。为了解决停车位的供需矛盾，政府鼓励商业区、办公区与居民区共享停车位，鼓励公共机构、企事业单位对外开放停车位，允许个人错时出租停车位获取收益。智能停车系统可以收集这些停车位信息，提供给需要的车主。

智慧停车还可以帮助车主寻找自己的车。车主只需要在停车场内的查询机输入车牌号，就能快速获取车辆的位置信息，并从电子地图上看到具体的行走路径。智慧停车系统还为停车缴费提供了方便，支持手机移动支付、POS 机支付等多种付费方式。

具体来看，智慧停车系统可以划分为城市级、场库级和车位级三大类。

1. 城市级

城市级的智慧停车系统是基于 NB-IoT（基于蜂窝的窄带物联网）技术和 LoRa 技术（远距离广域物联技术）构建的。其中 NB-IoT 技术凭借通信功耗低、覆盖广、密度高等优势支持停车设备直接接入网络，然后通过地磁、地锁、充电桩、道闸等设备将信息传输到网络平台；LoRa 技术支持小区域的网络相互连接，形成一个覆盖范围极广的大网络。

基于这两大技术的城市级的智慧停车系统可以通过物联网将停车设备数据上传到城市平台，支持城市级云平台与停车企业的云平台对接，获取城市内所有停车场、停车位信息，构建一张覆盖范围极广的停车场网络，为用户查询停车位提供方便，还可以解决部分用户停车不缴费的问题。

2. 场库级

场库级的智慧停车系统是基于 RFID 技术、车牌识别技术和 ETC 技术等构建的，可以在停车场、停车库、路侧停车等场景中实现广泛应用。场库级智慧停车系统的技术如表 15-3 所示。

表 15-3 场库级智慧停车系统的技术

技术	具体功能
RFID 技术	RFID 技术具有无须人工干预、可以自动识别的特点，应用于停车场可以对进出车辆进行自动识别、自动收取停车费，解决车辆进出停车场时停车取卡、停车缴费所引发的交通拥堵问题，可以实现对进出车辆的智能化管理
车牌识别技术和 ETC 技术	这两项技术是场库级智慧停车系统的核心技术，其中 ETC 技术更是智慧停车道闸领域近年来最显著的技术创新成果，这两项技术都可以准确识别车辆的车牌号信息，记录车辆进入停车场以及离开停车场的时间，根据停车时长完成自动收费，让车辆尽快通过停车场的进出口，防止发生交通拥堵

3. 车位级

车位级的智慧停车有两项关键技术，一是智能车位锁技术，二是地磁技术，具体如表 15-4 所示。

表 15-4　车位级智慧停车的两项关键技术

技术	主要功能
智能车位锁技术	可以利用蓝牙控制车锁升降，车锁升起可以阻止车辆驶入停车位，车锁降下允许车辆驶入、离开
地磁技术	可以利用无线传感器技术识别大地磁场，发现有车辆驶入就开始计费。地磁技术要配合传感器使用，要求每一个停车位安装一组传感器，通过传感器将停车位信息发送给附近的司机，方便司机快速找到可以使用的停车位。为了实现这一功能，停车位安装的传感器必须具备远程通信能力，而且要为用户提供精准的位置信息，尽量减少误报

第六部分 数智化转型

第 16 章
智慧物流：基于 IoT 的云物流平台

大数据驱动的云物流运作机理

目前，产业结构优化升级成为我国各行业发展的主旋律，物流行业也迈入转型阶段，向信息化、数字化、智慧化的云物流模式转型。我国物流产业虽然规模庞大，但发展水平较为滞后，信息不对称、环节众多、时效性差、成本高、服务水平参差不齐等问题突出，给物流企业带来了诸多困扰。而以大数据、云计算等新一代信息技术为支撑的云物流模式，为解决物流行业的痛点、推动物流业提质增效提供了有效途径。

1. 云物流的概念和特征

云物流是大数据、云计算等技术在物流领域的深层次应用，能够充分发挥大数据与计算技术的数据搜集与分析能力、运算能力、匹配能力及通信能力等，整合物流资源及用户需求，打造物流云平台。在物流云平台中，保险、海关、媒体、金融机构、物流企业等可以实时低成本地进行物流信息获取、处理、分享，可以显著提高物流供应链的协同能力，给消费者带来良好的体验，实现多方合作共赢。

云物流可以看作一种资源池，可以对社会物流需求及供给能力进行虚拟化集成，并根据时间、区域、类别、交付方式等对物流需求进行分类，使物流企业以更低成本、更高效率为客户提供优质服务。云物流打破了企业边界，可以对个体及企业的闲置物流资源进行整合，服务于动态变化的社会物流需求，能够有效提高物流行业的整体效率，推动传统物流业转型升级。

云物流离不开大数据、云计算提供的强有力支持，大数据技术可以让物流企业以较低的成本对海量多源的数据进行收集与分析，结合云计算技术让物流企业精准掌握用户需求，并对车辆、人力、资金、信息等资源进行统一调度及管理，进而为客户提供定制化的物流服务解决方案，有效提高物流企业的市场竞争力。

云物流平台可以对生产、包装、仓储、流通加工、运输等环节的数据进行搜集并深入分析，从而找到客户现有需求及潜在需求，并将其推送给能够满足这种需求的企业，促进物流供需动态平衡，以创造更大的社会价值与商业价值。

2. 基于大数据的云物流运作机制

在云物流系统中，大数据可以对海量离散的多源数据进行整合及分析，快速精准找到社会物流需求信息，而云计算可以提供存储及运算支持，二者优势互补、相辅相成。具体来看，我们可以从以下几个方面来理解云物流的运作机理。

（1）大数据云物流平台对物流服务供给与需求进行整合

有物流需求的个体与企业可以通过登录物流平台发布需求信息，云物流系统会对这些物流需求信息进行进一步加工，以便被具备相应服务能力的物流服务供给方快速获取，进而为需求方制定完善的物流服务方案。

（2）在云物流系统中，数据系统扮演的角色尤为关键

数据系统由台前系统和台后系统构成，前者的功能主要是搜集用户数据、感知用户需求，通常会通过社交媒体、移动设备、物联网、传感器等

渠道搜集数据；后者的功能是为企业提供有价值的信息，基于数据库对海量数据进行整合、分类、分析及存储。

（3）云物流信息平台是云物流模式的核心所在

该平台整合了仓储、配送、保险、金融等各类物流信息，并通过信息技术对这些信息进行整合及配置，形成虚拟资源云（能够提供虚拟的物流需求及物流资源），支持客户进行信息检索，而且可以帮助物流企业向目标用户推送定制内容，提高营销的精准性，并降低营销成本。

（4）云物流平台整合了物流行业的支持行业

云物流平台整合了银行、海关、物流保险、国际货运代理等，能够加强物流企业与支持行业之间的交流合作，以更低的成本为用户提供完善的物流服务。

基于 IoT 的云物流平台架构

随着物联网、云计算、移动互联网等新一代信息技术迅猛发展，企业的生产、销售、采购、物流系统将实现智能融合，从而推动智慧生产与供应链实现有机融合。在此形势下，企业的物流系统将与企业的经营活动相交互，形成智慧物流，为智慧企业的创建奠定基础。

智慧物流指的是通过对智能化技术的集成利用让物流系统对人进行智能模仿，赋予物流系统思维能力、感知能力、学习能力、推理判断能力及解决问题的能力。智慧物流可以使制造业、物流业等行业的成本大幅下降，使企业利润得以有效提升。在智慧物流模式下，生产商、零售商、批发商可以共享信息，相互协作，从而降低物流企业的运营成本。

智慧物流包含了很多关键技术，例如物体标识及标识追踪、无线定位等。借助这些技术，物流资源可以实现智能调度与管理，物流业务的运作流程可以得到有效整合，物流管理可以更加合理，物流消耗、物流成本、流通费用可以大幅减少，物流行业的利润可以有效提升。

智慧物流概念的提出使原本散乱的物流智能网络技术实现了系统化应用，与现代物流网络化、智能化、实时化、自动化、可视化的发展趋势相符，将对整个物流行业产生全方位影响。下面对基于云计算与物联网技术的智慧物流平台的构建进行探究。

简单来说，物联网就是一种物物相连的网络。物联网就是利用传感器（射频识别、红外线等）与传感设备（激光扫描器、全球定位系统等），在规定协议的指导下，利用互联网技术将物体连接在一起进行信息传输与交换，对物体进行智能化监控、跟踪、识别、管理、定位的一种网络。

基于物联网的智慧云物流平台由四部分构成，分别是感知层、网络层、云平台层、应用层，具体如表16-1所示。

表 16-1 基于物联网的智慧云物流平台的四大构成

组成部分	主要功能	关键技术
感知层	对数据进行感知。首先利用摄像头、传感器等设备采集实时产生的数据，然后利用RFID、条码等短距离传输技术将数据传输到网络层	包括短距离无线通信技术与检测技术，由RFID标签与读写器、二维码标签和识读器、GPS、摄像头、传感器及传感器网关等部件构成，可以对物体进行精确感知与识别，实时获取数据信息
网络层	可以传输数据，对数据进行预处理，随时进行信息交换与共享	由互联网、网络管理中心、通信网、智能处理中心等模块构成
云平台层	汇聚了所有的物流数据，通过云计算向用户提供所需信息，推动物流实现智能化、集成化、协同化，为用户提供个性化的物流服务	涵盖了大数据、云计算等先进技术，可以对感知层获取的数据进行管理、处理，包括对数据进行存储、查询、分析、处理、挖掘等
应用层	为信息处理、人机交互等问题提供了有效的解决方案，可以利用各种信息系统对底层数据进行处理，利用各种终端设备与人进行交互，为用户提供多元化的服务，例如物流监控、智能检索、智能交通、远程管理、不停车收费等	应用层位于最上层，可以使用云计算、模糊识别等技术对底层信息进行精准处理，对物体进行智能化管控

智慧云物流平台的功能设计

智慧云物流平台的功能主要是为政府、企业、事业单位、普通用户提供其所需的物流信息，从时间、空间两个层面围绕客户需求，对各种智能化技术进行集成利用，模仿人的智能对制造、运输、装卸、包装、加工、仓储、拆并、配送等环节产生的信息进行处理，从而对物流行业的核心业务流程进行有效整合，提升物流企业的管理质量与效率，让客户享受到更优质的物流服务。

智慧云物流平台由五大模块构成，分别是信息标准化集成平台、物流作业管理平台、运输智能调度和货物跟踪平台、业务交易和政府监管平台、智能辅助决策平台，具体分析如下。

1. 信息标准化集成平台

智慧云物流平台需要对物流企业、运输部门、物流供应商、工商部门正在运作的物流信息系统、运输监控系统、商品发布系统等信息系统进行整合。但因为上述信息系统的数据标准、规范、接口各有不同，很难整合到智慧云物流平台上。为此，信息标准化集成平台必须找到不同系统间异构数据交换与信息共享问题的解决方案，对整个平台中的公共信息做出规范化、标准化定义，推动数据在异构系统间的交换，促使异构数据格式相互转换，从而让智慧云物流平台实现跨系统交互与连接。

2. 物流作业管理平台

物流作业管理平台可以从商品发布系统、物流信息系统、运输管理系统等子系统中提取各种信息，例如物流信息、商品信息、配送信息等，按照统一的标准对数据进行规范化处理，将其打包发送到数据库。同时，平台可以利用客户查询权限与服务请求按照统一的数据标准为客户提供信息服务，包括发布、查询物流供给与配送信息，分发数据、查询平台信息等，以满足物流企业、政府管理部门、运输部门等主体对物流信息的需求。

3. 运输智能调度和货物跟踪平台

自引入物联网、云计算、GPS 或 GIS 等技术之后，运输智能调度和货物跟踪平台得以构建。借助物联网技术，车辆与货物信息可以实现实时采集，之后，这些信息可以通过互联网传送到智慧云物流平台的数据库中，利用调度算法、最优路径选择算法使车辆实现优化调度，对货物进行跟踪处理。运输智能调度和货物跟踪平台可以实时对货物种类、货物运输情况、货物数量、发货地、送货车辆、到达地、送货人员等货物配送过程中产生的数据进行采集、传输、处理，让用户可以实时对货物信息、车辆信息进行查询，从而提升物流服务质量与管理效率，满足物流企业与客户的需求。

4. 业务交易和政府监管平台

业务交易和政府监管平台支持物流企业、客户、供货商开展在线交易，让企业、金融、税务、海关等不同主体通过系统接口进行数据交换，对信息进行传输、处理。该平台创建了一个在线交易市场，与工商、金融、保险、海关等系统建立了连接，相关企业可以在该平台获取供需信息，如有需要也可以发布供需信息，还支持企业开展网上采购招标、网上报关、网上投保、网上出入境商品检验检疫、电子支付与结算等活动。

5. 智能辅助决策平台

智能辅助决策平台支持物流大数据挖掘、模糊分析与预测、神经网络学习等功能。该平台可以获取物流、采购、配送等信息，对隐藏在海量信息之后的有价值的信息进行深入挖掘，与数学模型、统计模型相结合生成可以辅助决策的信息，例如可以对物流数据、物流配送路径进行分析，对物流经济发展趋势进行预测等，从而为物流统筹管理、规划、发展决策提供支持，为物流企业、运输部门、政府部门的战略规划提供依据。

智慧物流可以对食品、药品、农产品的物流运输状态进行跟踪、查询，提高信息的透明度，在发生安全事故时明确事故起因，及时处理，增强企业的安全责任意识。同时，智慧物流可以对车辆进行智能调度，通过车辆安装的 RFID、GPS 实时获取车辆的位置信息，制定更加科学的车辆行驶路径方案，对物流资源进行优化配置。除此之外，智慧物流还可以用于配送，提升商流、信息流、物流的智慧化程度。

智慧云物流面临的挑战与对策

智慧云物流模式正处于初级发展阶段，信息平台等相关基础设施尚未完善，面临着数据来源单一、末端设备智能程度较低、缺乏统一的行业标准等问题。想要解决这些问题，一方面，物流企业要加强在相关领域的研发投入，培养并引进更多优秀人才，解决终端设备智能程度较低等问题；另一方面，职能部门需要充分发挥自身的职能和作用，加快出台行业相关标准，同时完善通信基础设施建设，督促电信运营商和国际通信协议标准接轨，确保物流供给与需求信息实现高效实时传播。具体而言，面对挑战，可以从以下几个方面切入应对。

1. 客户获取与维护

物流客户分散、客户获取成本高、客户关系维护能力缺失成为限制云物流模式发展的主要原因。在大数据时代，物流企业可以利用粉丝经济解决这一问题。

物流企业通过大数据技术对用户的浏览、购买、评论、分享等数据进行分析，可以更有针对性地向目标用户推送个性化的内容，从而提高用户体验，逐渐沉淀一批忠实粉丝。对于物流企业来说，忠实粉丝不仅是长期稳定的客户，而且可以利用忠实粉丝进行口碑传播，吸引更多新客户。

2. 资金方面

云物流模式需要企业投入较高的成本，如果缺乏资金支持，该模式根本无法真正落地。解决资金问题，物流企业除了需要拓展融资渠道，提高自身的融资能力外，还需要借助众筹模式引入资金。众筹模式已经在很多行业出现了一系列成功的案例，在物流行业同样有广阔的应用空间。

物流企业可以联合金融机构设立云物流基金，吸纳政府基金、众筹基金、物流企业自有基金等，充分发挥金融机构的专业管理及运营能力，让专业人士对云物流基金进行管理及运营，为企业云物流模式的落地提供资金支持。

3. 政府政策方面

云物流的发展需要政府投入大量资源，尤其是在物流用地、路权、货车进城等问题上，政府需要制定科学合理的解决方案，促进物流发展与环境保护的和谐统一，而不是简单地全面禁止。及时出台利好政策，引导云物流规范健康地发展，在资金、土地、人才等方面给予大力支持，是云物流模式快速落地的重要保障。

在大数据背景下，云物流需要采用大数据分析技术对社会物流需求进行整合，帮助物流服务商高效精准地配置物流资源，提高物流行业的运行效率与服务质量，给消费者带来更加良好的物流体验。

传统物流企业发展云物流模式，需要充分利用大数据、云计算等新一代信息新技术，构建一个以用户需求为导向，致力于为用户创造价值的云物流平台，以快速响应分散在各地的碎片化的物流需求。并在此基础上整合内部及外部优质的物流资源，为客户制定完善的物流服务解决方案，充分满足客户需求，在为合作伙伴带来丰厚利润回报的同时，促使自身不断发展壮大。

第 17 章
智慧民航：让民航机场更"聪明"

5G 赋能智慧民航建设

随着 5G 等新一代信息通信技术在民航领域深入应用，民航各项业务的自动化、可视化、数字化、智能化、智慧化水平有了大幅提升。目前，我国正大力推进 5G 在民航领域的应用，试图让 5G 在民航领域的各个应用场景发挥作用。例如，广州白云机场将 5G 应用于机场安保，利用 5G 网络实时传送高清监控视频，以便及时通过视频分析了解安保情况。不仅如此，白云机场还将 5G 网络融入安检、视频监控、室内定位、身份证识别等诸多应用场景，实现监控预警和应急处理一体化，大幅提高了发现和处理机场安保问题的效率，为机场安全提供了强有力的保障。

5G 具有低时延、大带宽、大连接的特点，可以通过与 AR 技术协同作用为机务维修赋能，实现实时可视化通信和场景模拟等功能，将一线工作现场的情况实时传送给指挥中心的维修专家，让维修专家能够远程掌握现场情况，对现场维修人员进行指导，从而进一步提高飞机的安全性。

5G 的发展和应用不仅推动了地面交通的发展，也有效提高了空中交通指挥的准确性和智能化水平。具体来说，5G 在民航领域的应用场景有很多，例如气象预警、风险预测、气象信息监测、航行情报获取等，能够为空中交通指挥赋能，为空中交通安全提供强有力的保障。

除此之外，5G 网络还可以用于基于 IP 的语音传输（Voice over Internet Protocol，VOIP），进一步优化通航内话系统，提高内话的稳定性和语音质量，并动态监控飞机飞行的全过程，充分确保飞机的飞行安全。

例如，合肥新桥机场将 5G 应用于机场协同决策（Airport-Collaborative Decision-Making，A-CDM）系统，将行李车的动态监控画面实时传输至机场运行指挥中心进行分析处理，大幅提高了机场的管理水平、调度水平和运行效率。

与此同时，5G 和 4K 等新兴技术在民航领域的应用还实现了航班运行视频画面的实时展示。以深圳机场为例，深圳机场利用 4K 超高清摄像机采集飞机起飞、降落和旅客落地等高清视频画面，并通过 5G 网络将这些画面实时传送到航站楼内的大屏幕上，为旅客了解飞机的起降情况提供方便，从而缓解旅客候机焦虑，优化旅客的出行体验。例如，2019 年，深圳已完成机场航站楼 5G 示范基站建设，实现了 5G 网络全覆盖，提高了飞机运行视频直播的全面性，进一步优化了旅客出行的服务体验。

智慧民航的数字化服务体验

5G 加快了智慧民航建设的步伐，5G 技术在民航领域的创新应用提高了民航出行的智能化服务水平，也为旅客提供了全新的出行体验。

2019 年 9 月，武汉天河机场实现 5G 网络全覆盖，并以 5G 网络和

5G 技术为基础打造包含了云游戏、AR 医疗、AR 教学、VR 眼镜、5G 机器人等多种新型技术的 5G 展厅，让旅客能够切身体会到上述技术为出行带来的便利。同时，北京大兴国际机场也正式启用基于 5G 网络的东航智慧出行集成服务系统，该系统不仅能够为旅客提供出票提醒、值机提醒、登机提醒、行李提取提醒、催促登机提醒、登机口变更提醒等基础服务，还能向游客推送登机用时预测、行李装机提醒、行李上转盘提醒、无成人陪伴儿童登机与交接通知等更加全面的服务信息，将智能化服务渗透到旅客出行的每个场景、每个环节，提高服务质量和服务水平，为旅客出行提供更多方便。

5G 网络在民航领域的应用不仅能够优化旅客的出行体验，还有助于民航公司改变单一的服务方式，提高客舱服务的个性化水平，利用更具针对性、娱乐性和智慧性的服务充分满足不同旅客的差异化需求。其中，客舱 Wi-Fi 能够有效满足旅客在出行体验方面的要求，为航空公司向旅客提供个性化服务带来了极大的方便。

除了地面上的互联网，我国还应该不断加强空中互联网建设，打破空中移动通信盲区，推进空中客舱无线网络服务。近年来，航空互联网快速发展，高空上网逐渐成为可能。根据中国民航局的数据，2021 年，我国已有 21 家航空公司 769 架飞机能够为旅客提供空中互联网服务。但由于技术水平有限，且空中环境不太稳定，单架飞机最大的网络速率也只有 10Mbps，与 3G 时代的网速相近。如果只有一名旅客使用网络，这样的网络速率基本能够满足其使用需要。但面对整架飞机上的上百名旅客，该网络则只能为旅客提供 2G 时代的网速。也就是说，目前空中互联网的实际使用体验无法很好地满足旅客的上网要求。

随着 5G 技术的飞速发展和广泛应用，民航业可以利用 5G 网络实现高空通信。5G 在高空通信中的应用能够全面革新客舱媒体生态，实现网络直播、实时定位、视频会议、线上购物等多种功能，充分满足旅客的机内宽带互联需求，让旅客能够在出行过程中享受到更加丰富多样的娱乐服务，不再仅仅局限于一些固定的杂志和电影。

科技创新是民航领域发展的重要驱动力，也是推动民航服务走向个性化、信息化、网络化、智能化的关键力量。未来，高速率、低时延、大容量的5G在民航领域的应用将会继续深入，逐步实现智能安检、刷脸登机等各种智慧化的出行服务功能，为人们的出行提供更多方便，并进一步推动智慧民航快速发展。

基于AI技术的智慧机场运营

随着社会快速发展，人们的出行线路越来越复杂，出行里程越来越远，航空交通逐渐成为人们长距离出行的首选。虽然航空交通能够充分满足人们在出行效率方面的要求，但随着人们生活水平日益提高，出行服务逐渐成为人们选择交通方式时的重要考虑因素，因此，旅客对航空交通的服务水平和服务质量有了更高的要求。

在此情况下，我国各个民航公司需要充分考虑旅客的出行需求，快速推进智慧机场建设，借助人工智能等新兴技术的力量进一步提高民航运输服务的智能化和人性化水平，为民航运输行业的发展提供新的驱动力。

近年来，人工智能等先进技术被广泛应用于各个行业和领域，并快速渗透进百度、腾讯、阿里巴巴等互联网巨头和商汤科技、旷视科技等AI初创企业当中，全方位推动我国各行各业的数字化、智能化、自动化变革。在交通领域，人工智能的应用不仅能够充分满足旅客的智能化出行需求，也可以进一步扩大人工智能技术的应用范畴，为人工智能技术的发展提供更多应用场景。

1. 智慧机场的概念与内涵

智慧机场就是将人工智能等新一代信息技术运用到机场的各项管理和运营活动中,通过提高机场中各项应用和各个流程的智能化水平为旅客提供更加安全、高效、便捷的服务的现代化机场。与传统机场相比,智慧机场往往有着更高的运行效率和更优质的服务质量,能够更加快捷地向旅客提供多样化、个性化的出行服务。

智慧机场建设需要综合考虑许多实际因素,一般来说主要从以下三个方面入手,具体分析如下。

- 智慧机场建设需要以构建内部信息体系为基础与整个城市深度融合,作为智慧城市的重要部分来发挥自身的运输、服务等功能。
- 智慧机场建设需要围绕人工智能建设有序开展,充分利用人工智能技术和人工智能应用不断革新机场的运作方式,进一步优化数据资源,降低成本支出,解决当前机场在资源利用、安全监控、旅客满意度等方面存在的问题。
- 智慧机场建设还需要优化旅客出行服务,提高各项服务的智慧化水平,并强化机场管理,借助各种智能应用为机场管理赋能,进而提高管理的便捷性。

2. 人工智能与智慧机场

人工智能是促进航空业革新的关键技术,能够通过与交通、互联网、机器制造业等多个领域的融合发展实现技术创新和产品升级,并逐步渗入人们生产生活的各个方面,推动人们的日常生活和各项生产活动走向自动化、智能化。

人工智能在民航业的应用符合国家关于人工智能发展的规划。2021年12月,中国民用航空局、发改委、交通运输部联合印发《"十四五"民用航空发展规划》，明确提出"将'智慧民航建设主线'贯穿'十四五'发展规划，通过民航科技创新和新型基础设施建设，推动行业数字化转型，带动行业智能化应用，实现行业智慧化融合"。在这一理念的指导下，我国民航业积极开展关于机场人工智能技术和产品的研究，力图通过技术创新和产品升级来加快智慧机场建设步伐。

目前，我国尚处在智慧机场建设的初级阶段，华为、百度、阿里巴巴等资本的注入在资源上为人工智能的快速发展提供了有效支撑，在一定程度上确保了人工智能发展的稳定性和高效性。

人工智能技术在机场的应用大幅提高了行李托运、脸部识别、客户航班查询、飞机燃料优化、机场运营优化等工作的效率，为机场获取、利用和优化数据、人力、空域、跑道、生产力等资源提供了便利，让机场能够实现更加精准的数据预测、更加合理的资源配置和更加充分的资源利用，从而有效解决机场环境恶劣和机场容量饱和等问题。由此可见，人工智能的应用能够深度革新未来机场的工作方式。

3. 基于 AI 技术的机场商业运营

随着航空业不断发展，机场不仅仅是一个交通枢纽，而是逐渐成为集商铺、商业设施于一体的服务于候机人群的商业场所。航空公司可以利用航站楼中的商铺以自营、合营或出租的方式实现盈利。人工智能等先进技术在机场的应用有助于强化航空公司对整个机场的管理和控制，能让航空公司借助自动化、智能化的管控优化旅客的服务体验，提高机场商业的经营效益。

在消费情况分析方面，航空公司可以使用统一的支付接口或记账系统来记账，全面把握机场内部的具体消费情况，同时还可以利用视觉识别技术实现旅客信息与消费账单间的对应和分析，深入了解旅客的消费情况，并以实际消费情况为依据优化机场的商业布局。

在智能化购物方面，航空公司可以利用人工智能技术开发智能化的购物设备和购物系统，例如能够吸引旅客注意力并为其提供沉浸式体验的互动数字购物墙，能够精准定位目标客户的智能广告牌等。这些智能化的购物设备和购物系统既能够为旅客提供更加优质的消费服务，也能够进一步完善智慧机场的商业化建设，在充分满足旅客购物需求的同时帮助机场创收。

智慧机场建设就是综合运用大数据、物联网、云计算、人工智能、信息安全等各种先进技术，在运用各项技术的过程中不断进行技术创新和应用创新，通过创新发展实现数据共享、信息融合，加快机场向智能化、智慧化方向发展。

我国智慧机场建设已经发展至机场 3.0 时代，目前正处于与人工智能融合发展的重要时期。现阶段，如何提高便捷性、安全性和个性化体验是我国智慧机场建设的重点，许多航空专家和人工智能企业都在积极研发智能化的产品和应用，创新和优化智慧机场行业的解决方案，目前已研发出机器人服务、人脸识别安检、智能停车系统、智能出行系统、行李追踪系统等多种智能化应用系统，大幅提高了机场的智慧化程度，为旅客出行带来了更多便利。

随着人工智能技术在机场建设中的持续深入应用，将有越来越多的新型技术产品被应用到航空业，为智慧机场建设赋能，为旅客打造更加方便、更具个性化的智慧出行体验，也为航空业的发展提供新动力。

AI 技术在智慧机场中的应用场景

民航可以根据不同的业务场景将运行信息分为旅客流、货物流和航空器流等多个类型，机场可以根据不同的运行信息分别构建信息系统来存储和处理大量数据，充分发挥人工智能和大数据的挖掘作用，促进各个信息系统互联互通，进而实现信息分类存储、信息分类检索、视频数据挖掘、视频数据分析、多系统报警联动等功能。与此同时，机场的信息系统也要跟随人工智能技术的进步不断升级，持续提高机场的智能化程度。

现阶段，机场可以借助人工智能技术分析处理自身的旅客数据、协调指挥数据和运行管理数据，并针对各个业务场景进行应用创新和服务升级，进一步推动智慧机场建设。

1. 机场智能机器人

随着航空交通不断普及以及人们对出行效率的要求不断提高，机场已经成为人流量高度密集的交通枢纽，需要安排大量工作人员为旅客提供各类信息指引服务。智慧机场建设的不断推进有效提高了机场服务的智能化水平，基于人工智能等先进技术打造的科技化、智能化的服务系统可以随时随地为乘客服务，这不仅能够节约机场在服务领域投入的人力资源，也能大幅提高出行服务效率。

在我国，融合了人工智能技术和智慧机场系统的机场智能机器人在机场中的应用为机场管理、机场服务等工作带来了便利。具体来说，机场智能机器人既能够为旅客提供信息查询、展览引导等服务，也具有自动巡逻安保、远程监控查询、智能人机交互等功能，能够帮助机场开展全方位的安全管理。以北京大兴国际机场的智能机器人"小兴"为例，该机器人具有沟通功能，能够通过显示屏幕与旅客交流，为旅客提供信息指引服务。基于人工智能技术的机器人拥有十分庞大的数据信息资源，能够根据不同的业务和场景与乘客沟通交流，支持乘客进行信息检索，并及时向乘客提供所需信息。

2. 视觉识别技术在智慧机场的应用

传统的登机安检通常需要在证件核检环节花费大量时间，安检效率十分低，而人脸识别和毫米波安检技术在安检环节的应用可以将安检时间压缩至几秒钟，大大提高了安检效率。具体来说，基于人脸识别的安检就是先提取人脸特征信息构建数据库，再利用深度识别和人工智能技术对比分析用户照片和数据库中的数据，最后根据分析结果确定人员身份，这种安检方式不仅有着极高的工作效率，还能减少人工参与，可以在一定程度上避免出现操作失误。旅客在经过自动闸机时会接受二次安检，从而进一步确保安检的准确性，保障出行安全。

除了对人员的安检外，视觉识别技术还可以应用到对行李等随身物品的安检中。视觉识别技术与热成像摄像机的融合应用能够实现免开箱检查和识别，而视觉识别技术与生物识别技术的融合应用则可以对乘客的随身物品进行检测，及时发现违禁物品，充分保障出行安全。

机场安检是确保旅客人身安全和飞机空中飞行安全的重要环节，机场需要通过安检及时发现可疑人员和可疑行为，并做出相应处理。具体来说，机场可以利用人脸识别和动态监控识别等技术手段对人脸特征进行提取、对比、分析和还原，从而找出机场中的可疑人员，同时与海关的业务系统相连通，进一步对可疑人员进行深入分析，从而实现对走私、逃犯等犯罪分子的精准布控和拦截。

除安检外，视觉识别技术还能在智慧机场建设的许多环节发挥重要作用。例如，北京大兴国际机场采用"面像乘机"的方式实现了全流程自助面像通关，让旅客在不打印登机牌的情况下也能顺利乘机，这不仅为旅客出行提供了方便，也推动了"无纸化"智慧出行的落地。

3. 人工智能对机场运行效率的提高

人工智能技术具有数据分析和机器学习等多种功能，能够通过对旅客流、行李流、交通流、航班流等各类数据信息的整合、分析、处理和学习实现对机场运行情况的精准预测，从而帮助机场合理规划和管理各个班次的飞机从落地到起飞之间的时间，科学高效地调配资源，实现对各个关键节点时间的充分利用，进而大幅提高机场运行效率。

AI 学习算法可以通过对大量资源数据、空管数据、场站雷达数据、跑道地理信息数据和航班运行计划数据等相关数据的分析实现对滑行路径、滑行时间和地面保障数据的精准预测，从而迅速调配资源，提升航班运行效率。

在机场管理方面，机场可以利用人工智能技术对本场站航班的数据、资源使用数据、天气数据、行李数据、航站楼旅客数据和历史资源达标数据等进行分析处理，对机场整体运营情况进行评估，并以评估结果为依据对机场的运营活动进行科学合理的调整，加快智慧机场建设步伐。

第 18 章
智慧城轨：5G 驱动轨道交通变革

5G 开启轨道交通数智化变革

随着城市化建设进程不断推进和社会经济快速发展，城市轨道交通已经成为城市公共交通的重要组成部分，深刻影响着人们的日常生活。近年来，城市规模扩张的速度越来越快，人们在交通出行方面的要求也越来越高，传统的城市轨道交通已经难以满足人们的出行需求，因此，我国必须加快推进城市轨道交通建设步伐，将 5G 等先进技术融入城市轨道交通建设当中，提高城市轨道交通的信息化、数字化和智能化水平，进而优化交通服务。

5G 与城市轨道交通的融合既能优化人们的出行体验，也有助于提高城市轨道交通的智能化水平，丰富 5G 技术的应用场景，满足人们日渐复杂的交通需求。由此可见，将 5G 应用于城市轨道交通建设可以推动轨道交通和城市建设走向智慧化、智能化和信息化，并为城市建设和轨道交通的创新发展带来全新的驱动力。

1.5G 智慧城轨的发展现状

近年来，我国城市轨道交通的发展十分迅速，各类业务、通信系统以及乘客对无线通信网络的要求变得越来越高，传统的2G、3G网络已经无法满足各系统在传输速率、时延等方面的要求，应运而生的4G通信技术和长期演进（Long Term Evolution，LTE）技术带领我国的城市轨道交通无线技术应用进入新时期。在这一时期，信息传输速率得到了大幅提高，在一定程度上解决了数据信息的实时共享问题。

LTE技术是我国自主研发的宽带移动通信技术，其发展过程主要包括宽带集群通信（Broadband Trunking Communication，B-TrunC）标准的发展和增强型机器类通信（LTE-Machine to Machine，LTE-M）标准的发展。

（1）B-TrunC标准的发展分析

B-TrunC是基于LTE技术的宽带集群业务，具有高速率、低时延、高可靠性、带宽资源丰富等优势。2014年11月，B-TrunC标准被国际电信联盟推荐的公共保护与救灾建议书所采纳成为国际标准，同时也成为大多数宽带集群的发展方向和技术选择。我国在缺乏统一标准的情况下，率先制定了与宽带集群的技术方案和产品相关的标准，促进了宽带集群技术的发展。

（2）LTE-M标准的发展分析

LTE-M标准是一种物联网通信设备的无线通信标准，LTE-M系统的应用能够满足城市轨道交通物与物之间的通信需求。2015年4月28日，中国城市轨道交通协会组织召开LTE-M项目编制启动会，基于第三代合作伙伴计划（3rd Generation Partnership Project，3GPP）和B-TrunC相关规范启动编制包括接口规范、测试规范、系统需求规范、功能需求规范、工程设计规范、施工验收规范和系统设备技术规范等在内的LTE-M系列标准。

2. 5G智慧城轨的发展趋势

随着移动通信技术快速发展，5G逐渐成为移动通信领域的研发重点。

与 4G 相比，5G 拥有全新的网络架构以及更低的时延、更高的传输速率、更高密度的连接和更强的业务部署能力。

国际电信联盟将 5G 的业务场景分为增强型移动带宽（enhanced Mobile Broadband，eMBB）、超高可靠低时延通信（Ultra-Reliable and Low Latency Communications，URLLC）和大规模机器类通信（massive Machine Type Communication，mMTC）。2015 年 5 月，我国 IMT2020（5G）推进组在《5G 无线技术架构白皮书》中定义了 5G 的四大应用场景，分别是连续广域覆盖、热点高容量、低时延高可靠和低功耗大连接。

2022 年 6 月，国际移动通信标准组织 3GPP 专业会议在匈牙利召开，在该会议上，3GPP 正式确认 5G 网络将服务化架构（Service-Based Architecture，SBA）作为统一基础架构，这标志着 5G 架构开始趋向标准化，5G 网络也基于云原生的网络架构理念向开放化、服务化和软件化的方向发展。

5G 网络在网络功能虚拟化（Network Functions Virtualization，NFV）技术和软件定义网络（Software Defined Network，SDN）技术的基础上不断推动服务化架构建设，不断提高 5G 网络能力，以便应对万物互联带来的挑战。

5G 智慧城轨的架构与关键技术

近年来，城市轨道交通的发展速度越来越快，在部件控制、现场监视、调度指挥等方面的要求也越来越高。相关企业必须构建可视化、实时化的管控系统，提高城市轨道交通建设工作的精益管理水平，并以超低时延和超大带宽来增强城市轨道交通通信网络的可靠性。

现阶段，城市轨道交通的通信方式主要有以下两种。

（1）有线通信

有线通信是一种利用光纤等有形媒质进行信息传输的通信方式，也叫作光纤通信。有线通信具有可靠性高、传输速率高、保密性强、抗干扰能力强等诸多优势，能够稳定传输文字、图像、音频等多种信息，但也存在建设费用高、链路维护困难、移动性差等缺陷，难以广泛应用于城市轨道交通的设备连接。

（2）无线通信

无线通信是一种无须使用线缆即可实现远距离信息传输的通信方式，具有成本低、建设难度低、维护费用低、组网灵活性高、性能稳定等诸多优势。无线通信网络在城市轨道交通领域的应用能够推动城市轨道交通快速发展，但当前的无线通信技术的网络性能还不足以支撑城市轨道交通领域全面实现光纤通信，由此可见，5G 网络的应用是城市轨道交通发展的大势所趋。

5G 是具有大带宽、低时延、高密度特性的新一代移动通信技术，端到端时延可以低至 1ms，流量密度可以达到 10Tbps，连接数密度高达 100 万个每平方千米，能够充分满足超高流量密度、超高连接数密度和超高移动性的应用场景的需求。因此，5G 在城市轨道交通建设中的融合应用能够在时延、宽带、可靠性和连接数量等多个方面为城市轨道交通的未来发展提供技术支撑和网络支撑。

5G 移动通信的三大应用场景分别是增强移动宽带通信、超高可靠低时延通信和海量机器通信，具体如表 18-1 所示。

表 18-1　5G 移动通信的三大应用场景

应用场景	主要功能
增强移动宽带通信场景	5G 具有传输速率快、连接容量大等优势，能够有效提高 LTE 技术水平，为用户提供更加优质的 AR、VR、高清视频等服务
超高可靠低时延通信场景	5G 网络的空口时延仅有 1ms，且可靠性高达 99.999%，在城市轨道交通领域，5G 的应用能够实现无人驾驶、自动化控制、高速应急响应、实时智能化管控等多种智慧化应用

续表

应用场景	主要功能
海量机器通信场景	随着城市轨道交通的快速发展,信息通信系统中的信息类型和接入设备迅速增多,5G的应用能够实现海量设备互联,充分满足城市轨道交通发展对设备连接数量的要求

1. 5G智慧轨道交通的架构体系

5G在城市轨道交通中的架构体系可以分为决策分析层、采集控制层、流程作业层、公共基础资源层和网络与信息安全层,具体如表18-2所示。

表18-2　5G智慧轨道交通的架构体系

架构	主要功能
决策分析层	利用大数据、人工智能、模式识别等先进技术对接收到的信息进行加工、协调、处理,并释放决策信号
采集控制层	通过在线采集城市轨道交通设备和线路的状态信息实现对各个环节运行状态的实时感知以及对运行参数的在线监测和控制
流程作业层	处理和加工采集控制层采集到的所有外部信息,并反馈信息处理结果,从而高效管控城市轨道交通系统或相关设备
公共基础资源层	由数据中心、信息通信网络、信息集成等多个部分构成,城市轨道交通信息的安全稳定传输需要依托覆盖范围广、无线通信信号稳定的信息通信网来实现
网络与信息安全层	利用攻击防范、检测、控制等手段对系统架构中的所有环节进行保护,为5G技术在城市轨道交通领域的应用提供安全保障,增强信息通信的安全性

我国应积极推进5G等新一代信息通信技术在城市轨道交通领域的应用,充分利用各种技术手段提高信息通信系统的实用性、信息共享性、业务协同性、互动灵活性、通信安全性和信息集成度,并扩大信息通信系统的覆盖范围,不断提升城市轨道交通在建设、运营、维护与管理方面的信息化和智能化程度,在决策上实现高度智能化的运营管理、决策分析和作业,为未来5G在城市轨道交通中的广泛、深入应用打下稳固的基础。

2. 关键技术

5G 通信技术在城市轨道交通领域的应用主要涉及采集监控类、基础资源类、流程作业类、分析决策类、安全保障类和支撑体系类六大类信息技术，如图 18-1 所示。

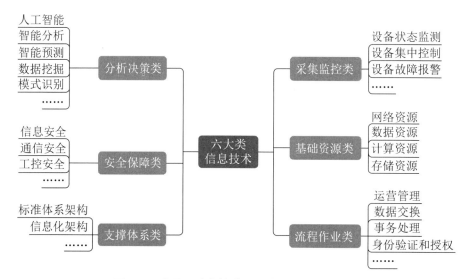

图18-1 应用于城市轨道交通的六大类信息技术

随着网络通信技术快速发展，各类应用对空口技术❶的要求越来越复杂。5G 作为新一代移动通信技术，需要具备满足多种应用场景和业务需求的能力。在此形势下，5G 新空口（New Radio，NR）应时而生，新空口中具有许多打破传统观念的新技术，其中新频率、新架构、新设计和新天线是 5G 空口中的四大关键技术。

（1）新频率

5G 网络拥有更高的传输速率和更大的带宽，因此 5G 新空口具有更大的带宽频谱，能够大幅提升网络性能。现阶段，全球 5G 网络频段主要分为两种，分别是 Sub-6GHz 和毫米波，这两种频段各有各的优势，因

---

❶ 空口技术指的是移动终端与基站之间连接协议。

此 5G 新空口将部署在这两种频段上。在我国现阶段的 5G 频谱规划中，2.6GHz、3.5GHz、4.9GHz、26GHz～28GHz、40GHz 频段是部署和应用的主流频段。

（2）新架构

5G 新空口引入了一种新的组网架构。一般来说，2G、3G 和 4G 网络采用的是独立组网（Standalone，SA）架构，5G 网络采用的是具有更快建设速度的非独立组网（Non-Standalone，NSA）架构。5G 通过引入集中/分布单元分离架构（Centralized Unit/ Distributed Unit，CU/DU）来实现切换机制的优化，进一步提高协作效率，增加双连接数据分发点。

（3）新设计

5G 通过引入新的帧结构设计来提高时隙、带宽、子载波间隔和上下行切换周期的灵活性，从而满足各个频段和场景在时延和带宽方面的要求。

（4）新天线

由于大规模阵列天线拥有远高于传统天线的通道数，所以 5G 可以利用大规模阵列天线构建来支持立体赋形，实现对信号方向的双维度动态调整，从而扩大信号覆盖广度，降低外部因素对信号的干扰，进一步提高业务信道频谱效率、传输速率和网络容量。

"5G+ 智慧城轨"的解决方案

1. 端到端网络切片解决方案

网络切片是一种新型网络架构，5G 端到端网络切片主要包括无线接入网络切片、移动核心网络切片和 IP 承载网络切片，涉及网络切片标识及接入技术、网络切片端到端 SLA 保障技术、网络切片端到端管理技术以及接入、传输、核心网域切片使能技术等多种技术手段，如表 18-3 所示。

表 18-3　5G 端到端网络切片的四大技术

技术类型	主要功能
网络切片标识及接入技术	可以通过对网络切片标识、业务注册流程和会话建立流程的设计来实现终端服务和网络切片实例之间的映射，进而将用户终端连接到网络切片上
网络切片端到端 SLA 保障技术	可以利用智能化运维机制实时监测网络性能，并对一些重要参数做出调整
网络切片端到端管理技术	可以对端到端网络切片进行编排和管理，实现端到端网络从用户侧到网络运维侧的横向协同
接入、传输、核心网域切片使能技术	可以对外部终端网络进行网络切片，并构建网络切片实例

5G 网络切片可以分为 eMBB 切片、uRLLC 切片和 mMTC 切片等多种类型，从 5G 网络切片在城市轨道交通领域的应用来看，eMBB 切片的应用能够为大带宽业务提供支撑，uRLLC 切片的应用能够为低时延业务提供支撑，mMTC 切片的应用能够为大连接业务提供支撑。除此之外，这三类 5G 网络切片均可以针对切片的实际运行状态和具体的业务需求进行网络切片实例的构建，进一步提高通信业务网络切片服务的差异性。

由于各个应用场景对性能指标的要求相同，因此网络切片需要按照指标要求进行部署，提高在带宽、时延、容量等方面的针对性，满足差异化的业务要求。由于各个域对网络端到端时延的要求各不相同，因此网络切片需要严格按照各个域的分段时延要求来构建子网络切片。

不同的城市轨道交通网络切片之间存在相互隔离的关系，具体来说，城市轨道交通不仅与其他行业和个人用户的通信业务存在隔离，其自身的各个分区业务之间也存在隔离。因此，技术人员在制定隔离策略时，需要在综合考虑接入网（含空口、基带、协议栈等）、传输网和核心网的基础上分别进行设计。

城市轨道交通的网络切片管理具有状态监测和控制管理功能，其中状态监测功能有助于监测城市轨道交通运行的业务切片属性、切片资源视图和切片负荷运行状态等信息，控制管理功能能够满足城市轨道交通在切片调整方面的业务需求，主要包括对切片的类型、容量、性能、覆盖范围、业务属性、资源分配、隔离程度（物理隔离、逻辑隔离等）等方面的调整以及切片的创建和删除等操作。

2. 终端部分

在基于5G的城市轨道交通的三大应用场景中，eMBB主要应用于视频综合监控、应急现场综合通信和自动化巡检的智能巡检机器人等对传输速率和带宽要求较高的业务；uRLLC主要应用于智能控制等对可靠性要求较高的业务；mMTC主要应用于智能路灯、智能水电表等对终端连接数量要求较高的分布式广域数据采集类业务。

5G终端依靠5G网络切片技术实现了灵活性、便捷性的提高和功能的丰富，能够针对不同业务在带宽、时延、可靠性等方面的需求提供定制化服务。由于5G在城市轨道交通领域的实际应用场景和需求各不相同，因此通信终端的类型也多种多样。具体来说，5G通信终端形态主要分为两大类，分别是独立式通信终端和嵌入式通信模块，如表18-4所示。

表18-4　5G通信终端形态的两大类型

终端类型	主要功能
独立式通信终端	是独立于设备之外的5G通信模块，可以借助标准化的终端设备模块接口与城市轨道交通业务终端相匹配，并与5G网络相连接，实现数据接入和数据传输功能
嵌入式通信模块	可以作为构成城市轨道交通业务终端的部件来集成并提供5G通信能力

城市轨道交通建设要以 5G 网络的负载性、移动性、改造成本、终端形态等为依据对各类终端进行分析，为终端选取合适的通信方式。例如应急通信、视频综合监控、巡查巡检机器人等终端可以选择使用独立式的通信终端，而一些智能调控的终端既可以选择使用独立式的通信终端，也可以使用嵌入式通信模块。

3. 无线部分

5G 具有低时延、大带宽、大连接、高可靠性等特性，能为城市轨道交通提供 eMBB、uRLLC 和 mMTC 三大应用场景，充分满足未来城市轨道交通业务的发展需求。

① 终端直连、全频谱接入、超密集组网、大规模天线阵列等技术是 5G 无线接入的关键技术，因此无线接入网可以利用大带宽频谱和大规模阵列天线来增加无线信道的带宽，提升无线信道的容量，为满足 eMBB 业务需求提供支撑。5G 网络频段主要部署在 Sub 6GHz 和毫米波这两个范围之中，5G 网络在 Sub 6GHz 频谱下的载波带宽最大为 100MHz，在毫米波频谱下最大为 400MHz，由此可见，5G 可以为城市轨道交通提供 100MHz～400MHz 的网络带宽。除此之外，5G 还可以基于大规模阵列天线进行立体赋形，同时实现水平和垂直方向上的信号调整，从而增强信号的抗干扰能力，提高传输速率和频谱资源的整体利用率，提供 20Gbps 的下行峰值速率和 10Gbps 的上行峰值速率。

② 无线接入网可以对帧结构进行优化，提高帧结构的灵活性和物理信道的传输频率，进而降低通信时延。首先，5G 会定义更多子载波间隔，但不会对符号长度进行限制。其次，5G 可以提高参数配置的灵活性，根据具体的场景设计长短不一的帧长度和周期。最后，在调度和反馈方面，5G 支持灵活调度和反馈时序，能够充分满足各类终端和业务在时延方面的要求。

③ 无线接入网能够利用控制面板优化传输方案来减少通信系统中的信令开销和功耗,并结合窄带传输等方式增加设备连接量,满足能源互联网大连接的需求,与此同时还可以通过减小调度资源粒度和频带资源的方式提高资源利用率,增加设备连接数。

④ 5G 可以利用网络切片技术隔离各类 eMBB、uRLLC 和 mMTC 业务,并优化能源互联网业务的调度机制,按照服务质量、用户业务优先级等制定业务调度规划,实现业务调度的定制化,提高服务质量,满足各类业务场景在服务方面的要求。

5G 在城市轨道交通领域的应用大幅提高了城市轨道交通的智能化程度。首先,5G 能够充分满足城市轨道交通领域的各项业务需求,快速推动各项业务发展;其次,5G 网络等基础设施建设的不断推进完善了共享网络、终端设备等基础设施,不仅可以大幅提高网络资源的利用效率,也可以降低网络建设成本;最后,城市轨道交通在建设和运营无线网络的过程中使用了多种先进技术,也积累了大量经验,这些技术和经验有助于其充分运用 5G 网络切片技术来优化通信服务,进一步提高通信服务的安全性和个性化水平,为城市轨道交通提供可独立管控的定制化通信服务。

随着社会发展和技术进步,5G 通信网络的业务需求不断升级,逐渐向低时延、大连接、大带宽、高可靠性的方向发展。5G 具有网络切片、热点高容量、连续广域覆盖、低时延高可靠、低功耗大连接等特性,在城市轨道交通领域的应用将在技术和网络等多个层面对城市轨道交通的发展形成支撑,从而推动城市轨道交通快速发展。

5G 在城市轨道交通中的应用场景

在政策成熟和管理制度完善的基础上,城市轨道交通运营单位可以利用 5G 网络承载列车运行控制数据，因为列车运行控制系统数据、列车控制管理数据和紧急文本数据传输对传输时延有极高的要求，且数据带宽必须优先得到保障，以确保列车的正常、安全运行，而 5G 恰好可以满足这些需求。5G 在城市轨道交通运营领域的应用场景有很多，下面对几种典型的应用场景进行具体介绍。

1. 基于 5G 技术地铁运营维护类应用

通过 5G 网络切片理念，融合 NB-IOT 技术，在设备与设备之间进行网络通信，实现系统自适应生存能力的提升。城市轨道交通面临着需要维护的设施多、分布点多面广、维护工作量巨大等问题。

利用物联网技术对各系统的状态数据、工务系统状态数据进行采集，借助无线通信系统将采集到的数据传送至专业维护平台，从而对各个系统的运行状态进行实时监控，及时排查可能存在的隐患，从被动维护向智能监管转变，使整个轨道交通系统的维护效率和系统的安全性得到大幅提升。

2. 基于 5G 的地铁日常及应急管理应用

作为城市交通网络的主要组成部分，城市轨道交通备受人们的青睐。城市轨道交通管理机构利用 5G 室内定位导航功能对位置信息和轨迹进行实时掌握，保证人们乘坐地铁出行的安全，让乘客享受到增值服务带来的满足感。

针对地铁工作人员逐渐增多的情况，城市轨道交通管理机构可以结合工作实际，研究和探索基于 5G 技术的地铁工作人员定位技术，准确掌握工作人员的实时位置，对突发事件进行定位追踪，对现场情况进行快速跟进，可以有效提升轨道交通运营的服务质量。

5G 技术对地铁重要设备设施的定位管理主要体现在实时定位地铁站

内的重要设备或物资，对设备的移动轨迹、各类型设备的数量进行及时查看，支持紧急情况下设备的快速查找、资产清查盘点等功能，便于更加科学、有序地进行物资管理。

由于城市轨道交通列车发车频率高，客流量大，并且隧道环境复杂多变。当发生紧急事件时，为做到及时响应和处理，管理层可以借助高速无线通信系统对事件的现场情况进行直观了解，并做出科学决策，使应急处理效率得到大幅提升。

3. 基于 5G 技术地铁大数据应用

轨道交通对数据的需求量极高，在 5G 时代，城市轨道交通运营数据量将实现持续增长，大数据技术在未来的应用前景将变得更加广阔。

基于 5G 的室内定位导航和耗时预估等功能，可以帮助乘客选择合适的出行时间，提前预约打车，与地铁、出租车、公交等交通方式实现无缝衔接。

基于客流大数据，可以实时监控客流信息，疏散站内分区、引导站外潜在乘客换乘，提升乘客的出行体验，提高应急事件的处理效率。

基于电子围栏、用户画像等技术可以在地铁商业开展精准营销，大幅提升城市轨道交通服务的溢价能力。

4. 5G+AI 技术在地铁资源物业的应用

全国在建线路陆续开展运营后，地铁的车站数将呈现持续增长趋势，随之而来的站务、巡检、保洁等人员数量也将持续增加。相关企业通过研究 5G+AI 技术，引入清洁扫地、服务接待、巡检等各类工种机器人代替人工劳动，降低劳务成本、提高工作效率是未来地铁公司运营管理的一个主要方向。

作为推动城市轨道交通自动化、智能化、系统化、规范化、标注化、绿色化发展的关键技术，5G 通信技术实现了在城市轨道交通领域的深度应用。只有持续地研究、发展和创新，5G 通信技术的成熟度才能不断提高，应用领域才能不断拓展，城市轨道交通才能在此基础上实现新的突破，我国高端技术才能获得长远发展，国家经济发展水平才能得到有效提升。

第 19 章
智慧港口：引领港口数字化转型

智慧港口的概念特征与演变

经济全球化的快速发展促进了各个国家对外贸易的发展，加快了商品、信息、技术、货币等生产要素在世界范围内的流动速度，使得各个国家之间的经济交流越来越密切。在此情况下，传统的港口难以满足日益增长的对外贸易需求，建设智能化、信息化、现代化的智慧港口成为大势所趋，而智慧港口建设需要各种先进技术的支撑。

厦门远海码头是我国首个实现全自动化的集装箱码头，也是全国各地加快推进自动化集装箱码头建设的开端。自动化集装箱码头建设是推进智慧港口建设的重要举措，各种新兴技术和智能化应用在赋能智慧港口建设的同时也将在技术层面为智慧港口建设提供强有力的支撑。

智慧港口是未来港口发展的主要方向，智慧港口建设需要在传统港口的基础上融合 5G、大数据、物联网、人工智能、边缘计算、高精度定位、计算机视觉等多种新兴技术，进一步提高各项设施的自动化、数字化和智能化水平，促进港口供应链中的各项生产要素在各个环节、各个主体之间共享。

与传统的自动化码头相比，智慧港口有四大优势，具体如表 19-1 所示。

表 19-1　智慧港口与传统自动化码头相比的优势

优势	具体表现
全面感知	智慧港口能够利用射频识别等技术手段和传感器、北斗卫星导航系统等设备来实时跟踪、定位、监控和管理货物运输的每个环节，从而增强对货物运输全过程的安全管理，提高经济效益
智能决策	智慧港口可以通过对系统中各项数据的分析来预测运输活动的发展趋势，辅助港口发展决策
信息整合与共享	智慧港口可以利用信息获取、信息处理和信息整合等技术手段对运输全过程的各项信息进行采集、处理和整合，并通过码头综合信息化平台进行信息共享
全程参与	智慧港口可以借助5G、物联网、大数据等新兴技术不断优化综合信息平台，让参与货物运输的各个主体能够通过该平台进行实时的信息交流

截至目前，全球港口发展经过了四个阶段，正处于向第五个阶段革新的关键时期。具体来说，第一代港口只是连通海洋运输和内陆运输的节点；当转型为第二代港口后，港口中的基础设施和设备越来越多，业务服务范围不断扩大，对人力的依赖性大幅降低；当第二代港口转型为第三代港口时，港口已经成为具有运输、贸易、货物配送等诸多功能的物流中心；第四代港口的出现则大幅提高了港口的信息化、柔性化程度，港口的生产活动也逐渐趋向精细化、敏捷化，能够满足更加信息化、网络化的货物运输需求；目前正在发展的第五代港口则是围绕客户需求和市场贸易来提供智能服务的智慧港口。全球部分智能港口的功能如表 19-2 所示。

表 19-2　全球部分智能港口的功能

国家	港口	特点
中国	上海洋山四期	使用可以远程控制岸桥、场桥以及自动引导车的自动化码头
荷兰	阿姆斯特丹	改进资产管理，并在废物管理方面发展独特的专业知识
西班牙	巴塞罗那	实现暴风预警系统，并能够量化客户货物的运动轨迹
德国	汉堡	实时监控系统，从可再生能源中获取岸电，并使用移动 GPS 传感器进行智能车队管理
美国	洛杉矶 TraRac 港	收集来自具有数据分析功能的港口生态环境的实时数据并进行分析，以提高供应链的效率
新加坡	大士大型港口	实现码头的自动船坞及自动堆场、全自动的 AGV

智慧港口领域的硬核科技应用

1. 5G 技术的应用

5G 能够凭借自身的高速率、低时延、大连接等优势实现人机物互联,并在智慧港口建设中助力智慧港口实现物料精准识别、远程实时监控、自动化设备搬运、移动设备集群协调调度等多种功能。

智慧物流搬运车(Intelligent Guided Vehicle,IGV)是一种融合了传感器、卫星导航定位等先进技术的智能化无人驾驶运输设备,具有精度高、安全性好、柔性化程度高和环境适应性强等特点。

5G 的应用能够为 IGV 的升级和应用提供更快、更稳定的网络支持和更先进的技术支持。例如,5G 在港口 IGV 车队管理系统中的应用能够有效提高该系统下发指令和管理 IGV 的效率;5G 在 IGV 卫星导航定位中的应用能够大幅提高 IGV 的定位精度;5G 在港口设备互联中的应用能够扩大设备连接数量,促进信息交流。

除此之外,智慧港口使用 5G 连接港口设备进行数据传输还能够减少在港口建设、港口管理和港口运营等方面的成本支出,有效提高港口运营的安全性和可靠性。随着 5G 快速发展,5G 在智慧港口领域的应用范围将变得越来越广阔。未来,5G 将从智慧港口建设的各个方面推动港口向自动化、智能化、智慧化发展。

2. 人工智能技术的应用

人工智能是一种融合了机器人、机器学习、语音识别、智能决策、计算机视觉等多种技术和多个领域知识的新兴技术,在智慧港口建设中的应用主要体现在安全生产管控和智能调度两个方面。

从安全生产管控来看,人工智能中的语音识别、计算机视觉等技术在港口安全管控系统中的应用能够大幅提高该系统的智能化水平。现阶段，许多港口已经通过在安全管控系统中融合人脸识别、手势识别、车辆识别等人工智能技术实现了对港口内人员和车辆的实时监管和控制，可以快速发现和处理安全隐患，充分确保港口的生产运输安全。

以深圳赤湾港的高级驾驶辅助系统（Advanced Driving Assistance System，ADAS）为例，该系统的应用大幅提高了赤湾港的车辆监管能力，在港口交通事故防范工作中发挥出十分重要的作用。现阶段，人工智能技术在港口安全管控系统中的应用还处于试运行时期，随着人工智能技术在港口中的应用不断深入，未来智能化的港口安全管控系统将成为主流。

从智能调度方面来看，人工智能技术在码头生产作业系统中的应用有助于提高港口资源调度的有序性，充分保证港口运行的高效性，进一步增强港口的竞争力。因此，港口生产调度的智能化是智慧港口建设的重要环节。对港口来说，除了要进行设备上的智能化升级外，还必须实现智能化管理水平的提升。就目前来看，我国已经有部分港口将人工智能技术应用到装船配载、卸船堆场派位等环节，利用智能化的技术手段提高各个资源调度模块的自动化水平。

3. 大数据分析技术的应用

大数据技术具有数据体量大、类型多、处理速度快等优点，近年来被广泛应用于各行各业，为各个行业的快速发展提供了强有力的技术支持和数据支持。

随着国际贸易的快速发展，各个港口的货物吞吐量越来越大，港口运行产生的数据量也在快速增长。智慧港口可以利用大数据分析技术对港口运行和管理中产生的数据进行分析处理，进而以分析结果为依据不断优化各项业务，并完善港口调度、港口管理等工作。

大部分港口将大数据分析技术的应用重心放在采集船舶完工后的各项数据和计算相关指标方面，忽视了大数据分析技术在作业预测、方案优化、智能决策等作业前的各项工作中的应用。智慧港口利用大数据分析技术打造智能化的大数据分析系统，并利用该系统采集、分析和应用港口作业全过程中的各项数据，进而实现智能决策。由此可见，智慧港口建设还应该加强对生产调度数据平台的优化，在提高设备设施的智能化水平的同时进一步提高港口管理的智能化水平。

近年来，我国各地都在积极利用5G、智能调度、大数据分析、计算机视觉等先进的智能化技术为港口赋能，并通过持续推进智慧港口建设来提高港口的服务质量、服务水平和服务效率，加快港口向自动化、智慧化方向发展的步伐，从而实现港口的优化升级和港口综合竞争力的进一步提升。

智慧港口建设的实践路径

1. 智慧港口作业设备

（1）自动导引车

自动导引车是配备电磁或光学等自动导航设备的无人驾驶运输小车，是自动化码头水平运输的重要工具。AGV有多种类型，按照行驶过程中的导航方式大致可以分为电磁感应引导式AGV、激光引导式AGV、视觉引导式AGV、铁磁陀螺惯性引导式AGV和光学引导式AGV五种类型。其中，装配有传感器的电磁感应引导式AGV是集装箱码头中常用的运输工具，使用这种AGV时需要提前对行驶路线进行详细规划，并预先在路面开孔铺设磁钉。

虽然大部分码头都将AGV作为主要运输工具，但由于磁钉导航存在许多缺陷，无法充分满足港口智能化发展需求。具体来说，AGV 还有以下几项不足之处。

- AGV 导航需要铺设磁钉，要求港口有高度平整的地面，且规划线路的地面上不能有影响磁钉磁性的物质存在。
- AGV 产量少，单车造价高，成本为 500 万～700 万元，与普通集卡相比价格十分高昂。
- 针对 AGV 的自动化码头改造需要在行驶路线中重新铺设磁钉，这将浪费大量资源。

因此，利用卫星和传感器实现导航功能的智能导引车（Intelligent Guided Vehicle，IGV）应运而生。IGV 是在卡车底座系统的基础上进一步改装而来的运输工具，IGV 在成本、精度和制造方式等方面的优势有助于其大范围推广应用。未来，IGV 将成为智能化码头水平自动化运输必不可少的运输工具。

（2）智能集装箱

集装箱运输具有装卸机械化、运输速度快、船舶周转快、包装成本低等优势，是国际贸易中的主要运输方式。而融合了智能化技术和应用的智能集装箱具有更高的运输效率、更短的中转时间和更高的运输安全性，能够实现更丰富、更全面的功能。一般来说，智能集装箱主要功能如表 19-3 所示。

表 19-3　智能集装箱的三大功能

功能	具体表现
检测意外的集装箱开口	智能集装箱内装配有传感器，能够探测和识别箱门开关情况，并记录箱门开关时间，当出现实际开关时间与预定时间不符的情况时可以利用 GPRS/3G 发出警报，请工作人员及时处理
监测货物运输环境	智能集装箱内装配有传感器，能够对集装箱内的温度、湿度等情况进行实时精准监测

续表

功能	具体表现
识别货物信息	智能集装箱可以利用 RFID 技术及时将集装箱内货号、集装箱号、提单号以及签单信息等传输到交通安全管理系统（Traffic Service Station，TSS），将各项信息进行电子化传输和存储

集装箱智能化在一定程度上为货运提供了方便，但当前的技术水平难以进一步提高智能集装箱的实时化、信息化和互联化水平，因此现阶段的智能集装箱还无法满足国际物流行业的需求。

2. 智慧港口管理系统

在管理方面，码头管理系统（Terminal Operating System，TOS）的更新和升级是智慧港口建设中不可或缺的重要环节，也是推动码头信息化建设的关键。智慧港口既可以利用 TOS 中的图形化技术实时展示水平运输过程、集装箱装卸船情况等信息，也可以利用 TOS 优化港口管理，提高资源分配的科学性和合理性，进一步提高货物装卸效率和堆场空间利用率，减少中转时间和运营成本支出。

目前，欧美发达国家掌握着集装箱码头管理系统领域的大部分核心技术。近年来，我国智能港口建设逐渐发展至世界领先水平，但在集装箱码头管理系统方面还存在许多不足，具体表现如表 19-4 所示。

表 19-4 集装箱码头管理系统的不足之处

不足之处	影响
各个子系统之间存在数据壁垒	我国 TOS 系统中的核心模块大多依赖进口，各个附属模块需要进行二次开发，因此不同模块的设备标准各不相同，部分子系统只能实现单模块数据交换，无法进行多模块数据共享，导致码头无法实现全面数字化
系统性能不足	随着国际贸易的快速发展，相关运输设备不断升级迭代，原有的系统难以与新设备兼容，导致系统性能受兼容性的影响难以满足港口管理需求

续表

不足之处	影响
系统维护成本高	近年来，由于集装箱码头承担的贸易量越来越大，使得集装箱码头的规模越来越大，设备数量越来越多，导致系统的业务处理量迅速增长，使用频率迅速提高。为了确保系统运行的稳定性，码头不得不在系统维护方面增加投入

总而言之，港口的智能化转型和升级为我国码头管理系统发展带来了新机遇，也为我国码头管理系统的智能化、信息化、现代化发展提供了良好的发展环境和全新的发展动力。

PLC驱动的港口电气自动化

新技术在各行业的应用，对推动传统企业转型升级、提高生产力水平具有强大的推动作用。港口电气自动化是现代港口的主流发展趋势，是提高港口吞吐量、降低运营成本的有效手段。

而将PLC（Programmable Logic Controller，可编程逻辑控制器）技术应用至港口电气自动化，能够有效提高港口电气自动化的运行效率，减少意外事故的发生。PLC技术的应用一方面可以让管理人员更加精准地控制港口电气自动化运行强度，提高运行的稳定性；另一方面也可以促进港口人力、物力等资源的高效配置，提高生产效益。

PLC技术的工作原理是采用可编辑的存储器作用于内部存储程序，执行各种指令，例如顺序控制、逻辑运算、算数操作等。同时，PLC可以通过同时模拟输入与输出、数字输入与输出进行设备控制。在当前的技术条件下，PLC在工业控制领域得到了广泛应用。

PLC的硬件结构由电源装置、存储器、中央处理单元、功能模块、输入/输出接口电路、通信模块等几部分构成。从PLC发展来看，目前,工业控制领域使用的PLC设备的性能具有多元化的特点,如表19-5所示。

表19-5 工业控制领域PLC设备的三大性能

性能	主要表现
编程简单,使用方便,具有很强的可操作性	引入PLC之后,编程语言主要是梯形图或逻辑图,编程简单,开发周期比较短,可以现场调试。同时,借助在线方案,程序可以进行科学调整,以免对硬件造成不良影响
功能多元,性价比较高	迄今为止,PLC产品已经具备标准化、系列化、模块化的特点,用户可以灵活使用各种硬件装置进行系统化配置,构建一个规模、功能均具有个性化特点的系统
安装简单,带负载能力强	PLC产品的安装接线非常简单,只要外部接线正常系统就能正常运行。同时,PLC设备还具有带负载优势,可以驱动常规电磁阀与交流接触器正常工作

经济全球化及跨国贸易规模的快速增长,使得港口尤其是高管理水平的大型港口的价值得到了充分体现,加快实现港口电气自动化成为现代港口的必然选择。为此,港口需要充分利用电力电子、信息处理、系统工程、控制理论、计算机等技术。在这些技术中,PLC技术在港口电气自动化领域有极高的应用价值。PLC技术的应用场景十分多元化,其强大的控制性能在诸多项目中已经得到了充分体现,而且由于其自带可编程系统,可以让工作人员结合实际需要对控制体系进行优化完善。

在港口电气自动化领域,PLC和实际工作需要有较高的契合度,应用前景广阔,有极高的实用性。在将管理模块标准化后,通过录入PLC,在系统内编写特定代码,即可完成特定场景下的控制作业。同时,PLC应用维护方便,在出现问题时,PLC可以自动对问题做出反应,有效降低意外事故造成的负面影响。

在应用实践中,PLC编程简单,工作人员只要输入简单的语言就可以按需完成程序预设,对减少资源浪费、提高港口电气化运行效率具有极高的价值。

实践证明，将 PLC 引入港口电气自动化领域，将其与港口电气自动化系统设备相融合，可以推动港口电气自动化领域实现高效、稳定发展。同时，将 PLC 引入港口电气自动化领域还可以减小劳动强度，提升劳动生产率及综合效益。

总而言之，PLC 技术在港口电气自动化领域具有极为广阔的应用前景。未来，随着 PLC 技术进一步发展，其应用场景将变得更为多元化，应用成本将进一步降低，应用效率将进一步提升。例如将 PLC 技术和计算机辅助集合融合应用到港口电气自动化领域，将推动港口电气自动化向着数字化与分布式方向进一步发展。

港口贸易的不断发展将对港口的电气自动化水平提出更高的要求，而追求更高的安全性、稳定性，强调更有力的成本控制，需要进一步提高 PLC 等技术的应用水平。目前，PLC 技术确实在港口电气自动化应用领域创造了可观的价值，但在这个过程中也出现了多种问题，例如当处于强磁场等特殊环境中时，PLC 很容易出现系统错误，无法保障数据的精准性，可能导致输出端设备发出错误指令，从而引发一系列问题。

所以，未来还需要进一步提高 PLC 在港口电气自动化领域应用的稳定性与安全性，提高其技术性能，使其能够适应各种特殊的作业场景，为我国打造世界级港口集群奠定坚实的基础。

PLC 在港口电气自动化中的应用

目前，PLC 技术在港口电气自动化领域的应用已经取得了初步成果，例如将 PLC 应用于胶带运输机，可以让工作人员对机器的运行系统进行实时精准控制与监测。

PLC 能够实现分布式控制，为现场控制与集中控制带来诸多便利，例如在中央控制室安装集中控制装置，然后借助传感器、信息控制等技术以及 TCP/IP 协议，可以让工作人员方便快捷地和现场控制站进行实时交互，进而可以提高生产效率与事故应急处理效率。

装卸货物是港口码头的一项重要功能，发展港口电气自动化能够降低人力成本，提高港口作业效率。港口货物装卸广泛应用了门式起重机，这种设备是通过对桥式起重机改造升级而来的，尤其适合港口作业，具备实用性强、作业范围广等优势。

在港口作业过程中，门式起重机可以在较短时间内响应并执行指令，可以有效提高货物装卸效率。当然，门式起重机不是独立工作的，通常需要为其配备一系列的配套设备。PLC 技术被应用于门式起重机，可以提高门式起重机电流分配效率与精准性。在控制回路和直流电源连接后，工作人员只需要在主令控制器上进行操作即可完成相关作业。

PLC 技术还可以应用于港口运输机，在港口运输机的集中控制系统搭建基于调度电话和电视系统的监督控制网络，同时充分发挥 PLC 控制系统灵活、稳定、高效等优势，加快货物在港口内的流转速度，提高港口的整体运行效率。

1. PLC 在港口门式起重机电气自动化中的应用

目前，市面上常见的门式起重机主要由行走机构、变幅机构、旋转机构、起升机构等几部分构成。如果需要现场进行抓斗作业，起升机构就要配备支持和开闭两套对称设备，以保证抓斗开合效果。对于门式起重机来说，性能稳定至关重要。再加上门式起重机在港口应用经常频繁作业，为满足频繁启停需求，门式起重机配备的变频器、开关装置、接触器等设备必须具有支持频繁启停操作的功能。

门式起重机各运行机构的驱动最好建立在三相交流绕线式异步电动机的基础上，驱动模式可以是单独驱动，也可以是联合驱动。PLC 在门式起重机中应用的驱动运行原理如下：电源经码头电网运行系统，中间经过电缆卷筒滑环，在流经中央滑环处理之后传输到机房配电柜自动空气断路器装置，使各运行系统通过隔离开关合理分配电流。

同时，直流电源直接流入控制回路，门式起重机操作人员通过对主令控制器进行操控输入 PLC，输出端口涵盖了过压电路、超限电路、连锁电路、过流电路等相关电路。在这种驱动模式下，如果门式起重机对应的 PLC 外围输出信号正常，PLC 输出端信号为 24.0V，可驱动小型继电器装置线圈，触发接触器线圈，启动相关运作机构。在 PLC 的干预下，门式起重机不会出现过度劳作等情况，劳动强度得以有效控制，劳动效率也可实现大幅提升。

2. PLC 在港口胶带运输机电气自动化中的应用

在港口工作现场，胶带运输机可以监控整个控制系统的运行情况，具有很高的应用价值。借助现有的技术，PLC 控制正在逐渐向 PCC（Programmable Computer Controller，可编程计算机控制器）控制发展，主要表现为建立一个以 PLC 集中控制系统为基础，调度电话系统与工业电视系统相融合的监督控制网络。胶带运输机运行系统对 PLC 控制系统的灵活应用有着较强依赖，可以切实提升港口货物的作业效率，降低胶带运输机运行期间的故障发生率。

胶带运输机引入 PLC 之后，其电气自动化系统主要采用分布式控制结构，该结构由两部分构成，一是现场控制系统，包括控制站、检测装置、现场控制装置；二是集中控制系统，包括服务器装置、监控中心、操作员装置、现场监视屏等。中央控制室安装了集中控制装置，该装置利用 TCP/IP 协议和以太网与现场控制站进行交互与通信。如果中央控制室与现场控制站之间的距离超过 1200 米，相互之间不仅需要以太网连接，还需要增设中继器以巩固数据交互结果。

随着现代科学技术迅猛发展，PLC 控制系统的应用优势得以进一步发挥，性能进一步提升。在此形势下，PLC 控制系统在各行各业都实现了广泛应用，尤其在港口电气自动化领域。为了能更好地利用 PLC 控制系统，将该系统的作用充分发挥出来，港口电气自动化的负责人要不断积累工作经验，吸收、借鉴国外先进的 PLC 技术，不断完善自身技能，最终通过对 PLC 的灵活应用促进港口电气自动化更好地发展。